공공 서비스에 대한 주민평가

– 주민의 만족을 결정하는 요인은 무엇인가

공공서비스에 대한 주민평가

– 주민의 만족을 결정하는 요인은 무엇인가

조은경 著

한국학술정보㈜

머리말

　행정의 주요한 역할 중의 하나는 국민이 필요로 하는 양질의 공공서비스를 효과적으로 제공하는 것이라고 할 수 있다. 현대에 들어와서 행정의 효과성과 대응성이라는 가치들이 주요한 행정이념들로 자리매김하면서 행정이 제공하는 공공서비스의 효과성과 대응성에 대한 평가가 중요해졌다. 본 연구는 공공서비스가 효과성과 대응성에 부응하여 제공되고 있는지를 어떻게 평가할 수 있겠는가 하는 문제의 인식에서 출발하였다.

　공공서비스의 효과성과 대응성은 결국 주민들 스스로가 자신들에게 제공되는 공공서비스에 어느 정도 만족하느냐로 평가할 수 있다고 보았다. 행정에서 효과성은 목표달성도 즉, 추구하고 있는 목표를 어느 정도 달성하였는가를 나타내며, 대응성은 주민의 요구를 얼마나 충실히 받아들이는가를 나타낸다. 그러므로 주민들이 공공서비스에 만족한다는 것은 행정이 자원을 필요한 곳에 사용하고 있다는 것이며, 주민들이 공공서비스에 만족하지 못한다는 것은 행정이 자원을 제대로 사용하고 있지 못한다는 것이므로 이것은 행정의 목표달성도인 효과성을 측정할 수 있는 것으로 이해할 수 있다.

　마찬가지로 주민들이 원하고 만족하는 방향으로 공공서비스가 제공된다는 것은 행정의 대응성 즉, 주민들의 요구에 적절하게 부응하고 있느냐를 측정할 수 있음을 나타낸다. 공공서비스가 주민의 기대와 욕구에 부응하고 있는지의 여부는 주민들이 평가하는 것이 가장 직접적인 평가가 될 것이고, 따라서 공공서비스에 대한 주민평가를 연구해야 할 필요성을 제기하는 것이기도 하다.

본 연구를 시작하면서 우리나라 행정의 권위주의적인 성격 혹은 서비스정신에 대한 무관심은 어느 정도 예상한 것이어서 더욱 매력적인 연구주제로 선택할 수 있었다. 그럼에도 불구하고 연구가 진행되면서 현실이 매우 심각하다는 것을 알 수 있었다. 일단 주민만족이라는 타이틀로 연구된 행정학 관련 논문이나 저서가 상당히 제한되어서 우리와는 문화와 환경이 많이 다른 외국자료에 의존할 수밖에 없었다는 점이다. 외국에서는 공공서비스에 대한 주민평가가 널리 이루어지고 있으며, 주민평가와 관련한 이론들도 상당히 체계적이고 구체적으로 발달되어 있었으며, 다양한 모델들이 제시되어 있다. 이에 비해 우리의 경우는 전통적으로 공공서비스는 행정이 일방적으로 제공하는 것으로 간주하고, 주민의 욕구와 요구를 반영하는 것은 다양한 욕구의 조정이 어렵다는 점과 시간이 많이 소요된다는 점 등의 이유로 비능률적이라고 간주해왔던 행정문화의 영향을 받아왔다. 따라서 주민이 요구하는 양질의 공공서비스 제공에는 그다지 관심을 가지지 않아온 경향이 있다. 결국 주민의 만족과 관련한 이론들을 검토하면서 경영학과 심리학에서 언급하는 소비자 만족 이론들까지 다루게 되었다. 본 연구의 이론적 배경에서 다루고 있는 소비자주의(consumerism)와 공공서비스지향 접근방법(public service orientation approach) 역시 이러한 다양한 검토와 고민을 통해 정리된 내용들이다.

공공서비스에 대해 주민이 만족하는 결정적 요인을 밝히기 위해 본 연구에서는 크게 다섯 가지의 가설을 설정하고 그 차이를 분석하는데 목적을 두었다. 첫 번째는, 공공서비스를 유형화하고 유형에 따른 차이를 살펴보고자 하였다. 즉, 공공서비스의 유형이 다름에 따라 주민의 만족에 영향을 미치는 요인이 다를 것이라고 보았다. 예를 들면, 쓰레기 서비스와 같은 유형은 쓰레기가 빠르게 수거되는 신속성, 이용상 용이성 같은 측면이 주민의 만족에 영향을 미칠 것이며, 경찰 서비스와 같은 유형은 범인 검거율이 어느 정도인가 하는 신뢰성, 범죄피해를 당한 경우 주민들을 형평성 있게 대우해 주는 정도가 만족에 영향을 줄 것으로 보았다.

두 번째는, 성별·연령·학력·소득·직업 등에 따른 개인별 차이가 만족에 영향을 미칠 것인가를 살펴보았다.

세 번째는, 주민이 거주하는 지역의 특성이 만족에 영향을 주는 요소인가를 살펴보았다. 공공서비스는 사부문의 서비스와는 다르게 특정 지역을 대상으로 집단적으로 제공되는 특징을 가지므로 지역적 특성이 영향을 미치는가에 유의할 필요가 있다. 여기서는 지역의 경제적 격차, 인구규모, 시의 역사(오래된 시와 신설된 시)에 따른 차이를 비교하였다.

네 번째는, 객관적 서비스 전달 상태에 따른 주민만족의 차이를 분석하였다. 이에 따라 특정 지역에서 공공서비스를 위해 사용된 인력, 예산, 장비, 시설 정도 등 객관적으로 측정 가능한 공공서비스의 투입 정도에 따른 만족 차이를 비교하였다.

다섯 번째는, 주민 개개인의 경험, 기대, 느낌 등 개인적인 심리 상태의 차이에 따른 공공서비스의 만족에 차이가 있는지를 조사하였다.

이상의 가설에 대한 검증을 통해 공공서비스에 주민이 만족하는 요인은 일반적으로 인식되어온 내용과는 상당한 차이가 있다는 결과가 도출되었다. 예컨대, 주민에 대한 공공서비스가 지역적인 측면에서 양적 혹은 질적으로 차이가 난다면 이에 대한 주민의 만족 또한 차이가 있을 것이라는 일반의 예상이 빗나갈 수 있다는 점이다. 실제로 주민들은 공공서비스의 양적인 측면에 대해 다른 지역과 크게 비교하거나 차이를 느끼지 못하고 있으며 우리나라의 상황에서 지역적인 공공서비스의 양적인 차별성이 눈에 뜨일 정도로 크지 않다는 점이다. 물론 연구가 진행되었던 시기는 지방자치제가 재개된 이후 아직까지 지역간 공공서비스 제공에 편차가 크지 않았었고, 2007년 현재는 지역간 공공서비스에 대한 격차가 어느 정도 존재할 가능성이 있다. 그러나 본 연구의 조사 결과 주민들이 실제로 체감하는 지역간 공공서비스의 양적인 차이는 상관성이 크지 않은 것으로 나타나고 있다. 그러므로 객관적인 서비스의 수준보다는 주관적으로 인지하고 체감하는 부분에서 공공서비스에 대한 만족이 더 큰 영향을 미친다는 연구결과를 눈여겨 볼 필요가 있다. 즉, 동사무소에서 사람이 많아 30분 만에 서류를 떼더라도 친절하고 편안한 분위기를 경험한 경우가 5분만에 불친절한 직원과 접하고 서류를 뗀 경우보다 더 큰 만족을 줄 수 있다는 점이다. 또한 편리성을 추구하여 도입한 기계 앞에서 망연자실 난감함을 경험하는 나이든 주민들에게는 직원을 만나서 일일이 문의하며 업무를 처리하는 창구절차가 직접 기관을 방문하는 번거로움과 기다리는 시간의 낭비에서 오는 불편함보다 만족스러울 수 있다.

따라서 우리가 주민이 만족할만한 수준의 공공서비스를 제공하고자 하는 경우에는 양적인 측면에서 인력을 증원하거나 동사무소의 크기를 넓히거나 키오스크 등을 통해 기계와 접하여 편한 서비스를 제공하는 측면에 치중하는 것과 더불어 직원의 친절한 태도 교육, 두 번 걸음하지 않도록 절차나 필요한 서류에 대해 친절하게 상담해 주는 자세 등을 간과해서는 안 된다. 주민의 눈높이에서 주민이 필요로 하는 공공서비스를 제공하는 것은 주민만족을 향상시키는 동시에 행정의 효과성과 대응성을 제고시키는 방안이 될 수 있다. 다행이 최근에는 주민들의 만족도 평가에 관심을 가지고 많은 행정기관과 기업들에서 주민만족도 조사나 친절한 직원 추천 등의 사업들이 다양하게 추진되고 있다. 본 연구가 이러한 문제에 고민하고 좀 더 주민이 만족하는 공공서비스를 추구하는 여러 기관과 연구자들에게 실증적인 자료를 제공하는 계기가 되기를 바란다.

본 연구는 저자의 박사학위 논문을 기반으로 만든 책이다. 학위논문이 출간된 이후 이미 상당한 시간이 흘렀음에도 불구하고 공공서비스에 대한 주민만족과 관련한 연구들이 그다지 활발하게 이루어지지 않고 있다. 따라서 연구의 재출간이 의미가 있다고 판단하였고 가능한한 가감하지 않으려고 노력하였다. 본 연구는 특히 학위논문을 준비하는 학생들에게 좋은 가이드라인을 제시할 수 있을 것으로 보인다. 특정 주제에 대해 기존의 이론적 배경들을 어떤 형식으로 정리할 수 있는지, 분석틀을 잡기 위한 방향설정은 어떻게 이루어지는지, 그리고 실제 분석된 내용들은 어느 부분에 초점을 두어 서술해 나가야 하는지가 제시되어 있다. 특히 중요한 부분은 논란이 되고 있는 다양한 이론들을 우리의 현 상황에서 어떻게 적용하였을 때 가장 적실한 정책을 도출해 내어 제안할 수 있을 것인가, 이와 함께 외국에서 적용되는 이론들이 우리의 경우에는 어떤 형태로 적용될 수 있고 만약 그렇지 않다면 왜 적용되기 어려운 지와 같은 고민들을 볼 수 있다는 것이다. 이 과정을 통해서 문제의 인식과 하나의 학문적 연구주제로 발전하는 모습들이 제시되어 있다.

연구를 진행하면서 한 편의 논문을 쓰는 것이 얼마나 어렵고 힘든 일인가를 절감하면서도 중단하지 않고 기쁨과 열정을 유지할 수 있었던 것은 학문의 즐거움을 가르쳐주신 많은 스승들이 계셨기 때문이다. 학부시절부터 석·박사 과정까지 따뜻한 격려와 애정을 담은 질책을 해주셨던 스승들께 감사드리며, 지식과 더불어 인격 또한 깊고 넓어지는 연구자의 모습을 닮는 것으로 그분들께 보답하고자 한다.

이 책은 사랑하는 가족들의 공동 산물이다. 변함없는 신뢰를 보여주시고 늘 기도로 힘을 주시는 부모님, 부족한 동생을 항상 칭찬하고 격려와 믿음을 보여주시는 두 분 오빠, 하나님의 가장 큰 선물인 남편의 도움과 지지가 없었다면 이 연구는 불가능했다. 사랑하는 가족들께 마음 깊은 곳에서부터 감사와 존경을 드린다.

제4장 주민만족의 실태 및 결정요인 분석 • 107

제5장 결 론 • 183

그림목차

제1장 서 론

제1절 문제의 제기 및 연구 목적

현대에 들어와서 양적 질적으로 팽창된 행정국가는, 공무원에의 봉급과 시설유지비에 상응하는 업무수행 능력을 나타내기보다는 거대 관료조직으로서의 부패와 낭비, 비능률성을 노정시킴으로써 급기야 '정부의 실패', '작은 정부'가 주장되기에 이르렀다. 이러한 상황하에서 각 국가는 국민이 내는 세금은 현 상태로 유지하거나 줄이면서, 동시에 다양한 국민의 기대를 충족시킬 수 있는 더욱 양질의 공공서비스를 제공해야 하는 딜레마에 놓이게 되었다. 그러나 이러한 딜레마는 하나의 좋은 공공서비스는 사용자인 주민을 위해 효과적인 역할을 보증할 것이고, 사용자를 위한 효과적 역할은 좋은 공공서비스를 보증한다는 즉, 공공서비스의 효율성과 대응성은 반대편에 있는 것이 아니라 같은 동전의 양면[1]이라는 인식에 의해서 해결될 수 있다고 본다.

이러한 인식은 기존의 공공서비스를 보는 시각과는 많은 차이가 있다. 기존의 시각은 행정이 공공서비스를 제공하는 방법을 크게 두 가지 차원으로 설명하고 있는데, 첫째는, 위로부터 주어지는 서비스의 관점이다. 이것은 정부기관의 입장에서 주민들이 필요로

---

1) Nicholas Deakin and Anthony Wright, *Consuming Public Services* (London: Routledge, 1990), pp.10-11.

한다고 생각하는 서비스를 결정하고 계획하여 공급하는 것으로 주민들은 수동적으로 주어지는 서비스를 받기만 한다. 이러한 관점은 적은 비용으로 많은 산출을 가져오게 하는 능률성을 강조하는 행정의 분위기에서는 당연한 것으로 여겨졌다. 이에 대해 두 번째는, 주민의 입장에서 실제로 주민들이 필요로 하는 공공서비스를 제공해야 한다는 관점으로서 주민들은 다만 주어지는 서비스를 받기만 하는 입장이 아니라 적극적으로 자신들이 필요로 하는 서비스를 요구할 권리, 다시 말하면 '고객권(client rights)'이라는 개념과 함께 대두된 것이다. 이러한 관점은 공공서비스가 주민이 요구하는 것에 부응할 수 있어야 한다는 대응성이 새로운 행정이념으로 주목을 받게 되는 것과 맥을 같이 하고 있다. 그러나 이 두 가지 시각은 이미 언급한 바와 같이 분리될 수 없는 관계인 것이다. 공공서비스가 주민의 기대와 욕구에 부응한다는 것은 행정이 달성하고자 하는 공공의 가치와 목적을 제대로 달성하고 있다는 즉 효과성이 있다는 것을 알려주는 지표가 되며, 이것은 동시에 주민이 바라는 바를 충족시켜 준다는 점에서 주민에 대해 대응성이 있다는 것을 의미하는 것이다.

그러면 정부의 공공서비스가 주민의 기대와 욕구에 부응하고 있는지, 다시 말하면, 행정이 효과성과 대응성 있게 제공되고 있는지를 어떻게 알 수 있겠는가 하는 문제의 인식에서 이 연구는 출발한다. 공공서비스가 주민의 기대와 욕구에 부응하고 있는지의 여부는 결국 주민들이 평가하는 것이 가장 직접적인 평가가 될 것이고, 따라서 공공서비스에 대한 주민의 평가를 연구해야 할 필요성이 제기된다.[2] 또한 공공서비스에 대한 주민의 평가는 제공

---

2) Gordon P. Whitaker, "Who Puts the Value in Evaluation?" *Social*

된 공공서비스에 대해 주민이 만족하고 있느냐, 만족하고 있지 않느냐의 여부로 판단하는 것이 가능하다. 공공서비스에 대한 주민의 만족은 주민들의 주관적 지각과 인식을 통해 반영되어지므로 서비스에 대한 주민의 만족도는 그들에 대한 조사를 통해 측정 가능하다.[3] 만약 제공되고 있는 공공서비스에 대해 주민이 만족하지 않고 불만족한다면 행정이 그 자원을 필요한 곳에 사용하지 못하고 낭비하고 있다는 비효과성과 주민의 욕구에 대응하지 못하고 있다는 비대응성을 나타내고 있다고 할 수 있다. 이것은 동시에 자원과 인력의 낭비뿐 아니라 주민의 일탈, 항의가 나타나거나 다른 지역으로의 이주를 유발할 수도 있어 도시의 공동화를 가져오는 결과를 낳을 수도 있게 된다. 이러한 의미에서 공공서비스에 대한 주민만족은 행정의 연구에 있어 필수불가결한 분야의 하나로 인식되어져야 한다.

이미 외국에서는 이와 같은 인식이 보편화되어 있어서 공공서비스에 대한 주민 평가가 널리 이루어지고 있지만, 우리나라의 경우에는 이에 대한 연구가 극히 미미한 실정이다. 이것은 우리나라에서는 전통적으로 공공서비스는 행정이 일방적으로 제공하는 것으로 간주하고 주민들의 욕구와 요구를 반영하는 것은 비능률적이라고 간주해 왔던 행정문화가 지배적이었기 때문이다.[4] 이러한 상황에서 이제까지 공공서비스에 대한 주민평가는 물론 공공서비스에 대해 주민이 만족하는지, 만족한다면 어느 정도 만족하고 있는지에 대한 연구도 부분적으로밖에 이루어지지 않았고, 만족에

Science Quarterly, Vol. 54, No.4, (March, 1974), pp.760-761.
3) 허범, "새로운 공공행정의 모색: 민주행정의 개념과 과제," 한국행정학회(편), 「한국민주행정론」(서울: 고시원, 1988), pp.102-121.
4) 박천오·박경효, 「한국관료제의 이해」, (서울: 법문사, 1996), p.229.

결정적인 영향을 주는 요인은 무엇인가에 대한 구체적 실증연구도 실시된 바 없다. 이와 같은 인식에서 본 연구는 다음의 몇 가지 초점에 연구의 목적을 두었다.

첫째, 객관적인 서비스의 전달 상태가 주관적인 주민만족에 얼마나 영향을 미치고 있는가를 발견하고자 한다. 객관적인 서비스 전달 상태란, 현재 주민들에게 제공되고 있는 실제적인 공공서비스의 제공 상태를 의미한다. 기존의 연구에서 조차 객관적인 서비스 전달 상태의 영향은 극단적인 논쟁을 불러일으키고 있는데, 우리나라의 경우 그 정확한 상황을 알아보는 것이 필요하다. 그 결과가 객관적인 서비스 전달이 주민만족에 크게 영향을 주는 것으로 나타나면 더 양질의 풍부한 객관적 서비스 전달을 위해 다른 부분을 희생할 수 있게 하는 근거를 제공할 수 있을 것이며, 반대로 객관적인 서비스 전달 상태가 주민만족에 직접적으로 영향을 미치지 않는다면 이제까지 서비스 투입과 전달과정에 관심을 기울어 왔던 기존의 연구 방향을 바꾸어야 한다는 것을 시사해 줄수 있을 것이다.

둘째, 공공서비스에 대해 주민이 만족하는 데 있어 가장 크게 영향을 미치는 요인은 무엇인가를 찾아내는 것이다. 주민만족에 영향을 미치는 요인을 찾아내면 공공서비스는 대응성 있게 제공될 수 있으며 이것은 동시에 행정의 효과성까지 향상시킬 수 있을 것이다.

셋째, 외국에서 연구된 기존의 주민만족에 관한 이론과 모형들을 한국의 상황에 적용시켜 일치점과 차이점을 발견하는 것이다. 특히 주민 개인의 객관적 특성, 주민의 주관적인 정치적 태도, 경험, 기대, 정부의 비용·편익에 대한 평가가 한국에서 두드러지는 차이를 보이는 것이 있는지를 살펴보고자 한다. 그럼으로써 서비스의 직접적인 수혜자인 주민만족에 관심을 기울이게 되고 한국적 상황에 적실한 주민만족이론의 정립을 위한 정보를 제공할 것이다.

넷째, 공공서비스 생산과 전달, 평가에 있어 인식 전환의 필요성 검토이다. 그동안 한국의 행정은 위로부터 주어지는 행정의 개념이 지배적인 행정문화와 행정환경이 특징이라고 할 수 있었다.[5] 그러나 앞으로의 행정은 주민의 지지와 참여가 없이는 그 역할의 수행은 물론 존재 이유도 정당화되지 못하는 상황에 놓여 있다. 따라서 공공서비스의 생산과 전달에 있어 서비스 소비자로서의 주민역할이나 반응을 강조하는 새로운 관리 철학이 필요한데, "주민을 위해 주민과 함께 공공서비스를 생산·공급하는 것"을 개념으로 하고, 주민참여 및 서비스 책임성을 강조하는 '공공서비스지향 접근방법'을 소개함으로써 한국의 행정관리에 있어 인식 전환의 필요성과 가능성을 모색해 본다.

제2절 연구 범위

본 연구는 공공서비스에 대해 주민이 어떻게 평가하고 있는지에 대한 실증적 분석에 초점을 둔다. 그리고 이러한 주민의 평가에서 나타난 결과를 통해 공공서비스의 활성화를 위해서 어떠한

---

5) 박천오는 이러한 내용을 "한국 관료집단의 의식과 가치는 국민에 봉사한다기보다는 국민을 지배하려는 것에 더 가까웠다"고 표현하고 있다. 박천오·박경효, 전게서, p.231.

정책적 함의를 이끌어 낼 수 있는지를 살펴보고자 한다.

공공서비스에 대한 주민평가는 매우 광범위한 연구 분야를 포함하고 있지만, 여기에서는 연구의 범위를 다음과 같이 설정하고자 한다. 먼저, 본 연구는 공공서비스에 대한 주민의 평가에 주안점을 두고 있는 것이지, 공공서비스의 성과를 측정하려는 데 목적이 있는 것은 아니다. 여기서 성과평가(performance evaluation)와 성과측정(performance measurement)의 개념을 구별해야 한다. 성과측정이란, 객관적 자료에 의한 결과를 중심으로 하는 양적인 기술(記述)을 의미하며, 욕구나 요구, 가치의 실현정도(성과)를 표현하거나 기술하는 경우에 양적인 기술에 한정되며 느낌이나 감정, 가치판단 등은 제외된다. 반면에 성과평가는 평가자의 주관적 판단을 중시하는 질적인 기술을 의미하며, 양적, 질적 기술뿐 아니라 가치판단까지 포함하는 포괄적 개념이다. 특히 성과평가는 서비스 수혜자의 주관적 자료를 적극 채택하여서 서비스 결과나 영향을 판단하려는 적극적 개념이다. 따라서 본 연구는 공공서비스의 성과나 주민의 만족을 구체적이고 양적으로 측정하려는 것은 아니므로 성과평가의 입장을 취한다.

본 연구의 전개는 다음과 같이 이루어진다. 제1장에서는 본 연구를 실시하게 된 목적과 연구 방법 및 범위를 제시한다.

제2장에서는 이론적 고찰이 이루어진다. 이론적 고찰로는 먼저, 공공서비스에 대한 주민평가방법을 살펴본 후, 공공서비스에 대한 평가를 기존의 시각과는 다르게 주민의 관점에서 평가해야 한다고 주장하는 '소비자주의론'과 '공공서비스지향 접근방법'을 소개하고, 새로운 공공서비스에 대한 주민평가기준을 제시한다. 다음으로 선행연구를 검토한 후, 공공서비스에 대한 주민평가에 있어 구체

적인 평가는 주민만족이라는 측면에서 이루어지므로, 주민만족의 이론과 개념, 주민만족 모형을 검토한다. 마지막으로 주민만족 이론과 모형의 검토에서 찾아낸 주민만족에 영향을 미치는 요인들을 체계적으로 정리하여 분석틀을 만든다.

제3장에서는 분석틀에 입각하여 가설을 설정하고 검증할 수 있는 구체적인 측정지표를 정한다. 제4장에서는 실증적인 분석의 결과를 통해 가설을 검증하고 해석한 후, 종합적 평가와 대응방안을 모색한다. 제5장에서는 연구 결과를 요약하고 본 연구의 정책적 함의를 정리한다.

제3절 연구 방법

공공서비스에 대해 주민이 어떻게 평가하고 있으며, 그러한 공공서비스에 주민이 만족하는 데 영향을 주는 결정요인은 무엇인가를 알아보고자 하는 것이 본 연구의 목적이다. 이를 위해 쓰레기서비스, 경찰서비스, 교육서비스의 세 가지 공공서비스를 연구대상 서비스로 삼는다. 이들 서비스는 수행하는 사회적 기능에 따라 일반적 서비스, 보호적 서비스, 사회보장서비스, 발전적 서비스로 구분한 Lucy 등의 분류[6]에 따라 채택한 것이다. 서비스의 유

---

6) Lucy 등은 서비스의 사회적 기능에 입각하여 일상적 서비스(쓰레기, 도로 및 교통, 상·하수도, 오물수거 서비스 등), 보호적 서비스(경찰, 소방, 법 시행, 홍수통제, 법원행정 서비스 등), 발전적 서비스(교육, 도서관, 공원, 위락시설서비스 등), 사회적 최저수준 보장 서비스(의료보호, 식량원조, 직업훈련, 공공주택 보급 서비스 등)로 구분하

형에 따라 주민만족에 차이가 있는지를 밝힐 수 있기 때문이다.

그러나 사회보장서비스의 경우는 모든 주민에게 제공되는 공공서비스라기보다는 특정한 상황이나 조건에 있는 주민들에게 제공되기 때문에 대다수의 주민들의 일상생활과 직결되어 있다고 보기는 어렵고 따라서 전반적인 만족을 조사하기가 가장 어려운 측면이다. 외국의 경우와 같이 공공서비스로 제공되는 광범위하고 지속적인 의료서비스가 없는 우리나라의 상황에서는 특히 연구가 어려워 본 연구에서는 제외하였다.

비록 주민들이 공공서비스에 대한 전문지식이 없고, 정부활동에 무관심하기도 하지만, 주민들이 느끼는 공공서비스에의 만족은 자신들이 직·간접으로 경험한 공공서비스의 전반적인 느낌과 연관되는 것이므로 주민들이 일상적인 삶에서 접할 수 있는 정도의 서비스로 한정하기로 한다. 쓰레기서비스는 쓰레기수거에 있어서 전반적인 주민만족을 조사하고, 경찰서비스는 경찰관의 업무수행에 대한 전반적인 주민만족을, 그리고 교육서비스는 초·중·고의 교육에 대한 전반적인 주민만족을 연구한다.

연구의 구체적인 방법으로는 먼저 주민만족에 관한 이론적 고찰을 위하여 기존의 국내외 자료들을 연구하는 문헌조사방법을 사용하였으며, 주민에 대한 직접 설문조사와 행정부서에서 발간된 통계자료를 기초로 한 자료수집방법을 병행하였다.

공공서비스에 대한 주민 평가에의 기존 연구들은 일반적으로 두 가지 방법을 사용하고 있다. 첫째는 미시적 분석방법인 설문조

고 있다. 자세한 내용은 William H. Lucy and Dennis Gilbert and Gurthrie S. Birkhead, "Equity in Local Service Distribution," *Public Administration Review*, Vol. 37(1977), pp.687-697.

사이고, 둘째는 거시적 분석방법으로써 공식적 정부기록을 이용하는 방법이다. 각 방법은 다음 장에서 살펴보듯이 각기 나름대로의 장·단점을 가지고 있는데, 설문조사에는 많은 시간과 노력이 요구되고, 정부자료는 수집의 어려움 때문에 일반적으로 한 가지 방법에 의한 연구가 실시되고 있다. 그러나 본 연구에서는 이 두 가지 방법을 병행하여 실시함으로써 두 방법의 장·단점을 보완하고 보다 객관적인 연구가 되도록 하였고, 동시에 어느 방법이 우리나라의 상황에 더 적합한 설명력을 지니고 있는지도 검토해 보기로 한다.

설문조사는 공공서비스에 대한 주민만족의 이론적 논의에서 제시된 분석의 틀과 각종 사례연구를 기초로 설문지를 작성하고 이에 대한 조사대상자의 응답내용을 분석의 자료로 삼는다.

조사지역은 각 도시의 인구수에 의거한 규모, 경제적 지위, 시 연령을 기준으로 각각 상·하위 두 집단으로 분류하여 각 집단에서 두 도시씩을 선정하였다. 구체적으로는 도시별 규모가 상위인 지역에서 수원과 고양을, 도시별 규모가 하위인 지역에서 제천과 속초를 선정하였다. 이들 지역은 각 도시의 경제적 지위에 대한 비교를 위해 추출한 1인당 지방세 부담액을 그 도시가 속한 전체 도의 평균 1인당 지방세 부담액과 비교하여 고양과 속초는 상위 지역으로, 수원과 제천은 경제적 지위에서 하위 지역으로 구분하였다. 또한 시 연령은 시 설치 연월일을 기준으로 수원과 속초는 오래된 도시로, 고양과 제천은 신설된 도시로서 이러한 지역적 차이가 공공서비스에 대한 주민평가에 어떤 차이를 나타내는가를 분석하기 위해 선정되었다.

설문조사기간은 1997년 10월 9일부터 10월 16일까지 8일간에 걸

처 실시되었고, 각 지역에 거주하는 일반 주민들을 대상으로 호별 방문으로 배포하였다.

배포된 설문지는 각 도시당 135부씩 총 540부이며, 회수된 설문지는 부실한 응답을 제외하고, 수원 121부, 고양 112부, 제천 123부, 속초 126부로 총 482부이며, 89.6%의 회수율을 보였다.

자료 분석은 SAS프로그램을 이용하여 처리하였다. 먼저 각 변수들의 분포를 알아보기 위하여 평균을 구하고 빈도분석을 하였다. 변수들 간에는 어떠한 관계가 있는지를 분석하기 위해 상관관계 분석을 하였다. 집단 간, 지역 간의 차이를 살펴보기 위해 분산분석을 하였으며, 독립변수와 종속변수의 관련성의 강도와 독립변수값의 변화에 따른 종속변수값의 변화를 알아보고자 회귀분석을 하였다.

제2장 공공서비스 평가와 주민만족에 관한 이론적 배경

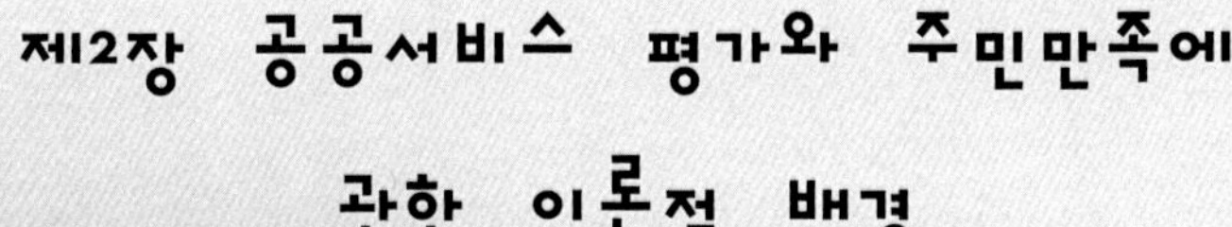

제1절 공공서비스의 평가방법과 평가기준

1. 공공서비스의 평가방법

공공서비스를 평가하는 방법은 객관적인 자료에 의거해 평가하는 객관적 평가방법과 주민들의 욕구와 만족에의 충족 정도를 통해 평가하는 주관적 평가방법이 있다.[1] 이 두 가지 방법 중에서 어떤 방법이 공공서비스를 더 정확하게 평가할 수 있느냐는 문제에 대해서 많은 학자들이 다양한 의견을 제시했지만, 현재에는 두 방법 중 어느 한 쪽을 간과할 수 없기 때문에 양자를 함께 연구해야 한다는 주장과, 두 방법의 평가결과를 통합시켜 보려는 통합모형의 모색에 초점이 모아지고 있다.[2] 본 연구 역시 객관적 평가방법과 주관적

---

1) Jeffrey L. Brudney and Robert E. England, "Urban Policy Making and Subjective Service Evaluations: Are They Compatible?" *Public Administration Review*, Vol. 42, No.2(March/April, 1982), pp.127-135.

2) (i) 객관적 평가방법과 주관적 평가방법의 비교 — J. L. Brudney and R. E. England, Ibid., pp.127-135.; (ii) 양자의 상호 관련주장 — P. Rossi and R. Berk, "Local Roots of Black Alienation," *Social Science Quarterly*, Vol. 54(March, 1974), p.741.; H. Schuman and B. Gruenberg, "Dissatisfaction with City Services: Is Race an Important Factor?" in Harlan Hahn(ed.), *People and Politics in Urban Society*, (Beverly Hills, California: Sage, 1972), pp.369-392.; (iii) 양자의 관련성 부정 — Brian Stipak, "Attitudes and Belief Systems Concerning

평가방법이 모두 중요하다는 종합적 관점에서 출발하지만, 특별히 우리나라의 경우에는 이 두 가지 평가방법 중에서 어느 것이 더 설명력이 있다고 볼 수 있는지를 검토하고자 한다.

(1) 객관적 평가

객관적 평가방법은 공공서비스를 평가하는데 서비스 기관에서 제공하는 객관적인 자료를 바탕으로, 투입된 예산 규모나 산출된

Urban Service," *Public Opinion Quarterly*, Vol. 41(Spring, 1977), p.50.; Brian Stipak, "Citizen Satisfaction with Urban Service: Potential Misuse as a Performance Indicator," *Public Administration Review*, Vol. 39, No.1(January/February, 1979), pp.46-52.; Karin Brown and Philip B. Coulter, "Subjective and Objective Measures of Police Service Delivery," *Public Administration Review*, Vol. 43, No.1(January/February, 1983), pp.50-58.; (ⅳ) 객관적 평가방법의 실익 주장 - Ronald W. Johnson and Arie Y. Lewin, "Management and Accountability Models of Public Sector Performance," in Trudi C. Miller(ed.), *Public Sector Performance*(Baltimore, MD: The Johns Hopkins Press Ltd., 1984).; Robert C. Fried and Francine F. Rabinovitz, *Comparative Urban Politics: A Performance Approach*(Englewood Cliffs, N. J.: Prentice-Hall, 1980).; (ⅴ) 주관적 평가방법의 실익 주장 - Brian Stipak, "Using Clients to Evaluate Programs," *Computers, Environment and Urban Systems*, Vol. 5(1980), pp.137-154. reprinted in Ernest R. House et al., *Evaluation Studies Review Annual*, Vol. 7(Beverly Hills, CA: Sage, 1980).; Elaine B. Sharp, "Citizen Perception of Police Service Delivery: A Look at Some Consequences," *Policy Studies Journal*, Vol. 9(Summer, 1981), pp.971-981.; Willard L. Rodgers, "Density, Crowding and Satisfaction with Residential Environment," *Social Indicators Research*, Vol. 10(January, 1982), pp.75-102.; J. L. Brudney and R. E. England, op. cit., pp.127-135.; K. Brown and P. B. Coulter, op. cit., pp.50-58.

서비스의 양 등을 중심으로 평가하는 것을 말한다. 따라서 기관의 존적인 성격을 가지며, 서비스의 경제적 기능을 수행한다고 본다. 또한 서비스 공급의 능률성과 효과성 측정에 주된 목적이 있으며, 서비스의 성과를 쉽게 계량화 할 수 있기 때문에 이미 인정되고 있는 기술적 표준에 기초하여 해석이 가능하다.

그러나 이 방법은 객관적인 자료를 중심으로만 평가하기 때문에 서비스의 소비자인 주민들의 욕구나 선호에 대한 관심이 없으므로 주민에 대응적인 서비스를 고려하거나 제공하지 못하게 된다. 또한 이러한 투입요소 중심의 (input-centered) 평가방법은 도시정부의 서비스 공급활동이 초래하는 궁극적 영향 내지 효과는 도외시 된다는 문제가 있다. 투입된 예산 규모나 인력 지표의 사용은 엄밀한 의미에서는 정책 산출이나 효과로 보기 어렵고, 기껏해야 정책 산출이나 효과를 도출해 내기 위한 하나의 매개적 자원일 따름이므로 직접적인 평가의 대상이 될 수는 없다는 비판을 받고 있다.

(2) 주관적 평가

주관적 평가는 공공서비스에 대한 주민의 욕구와 선호, 만족을 통해 평가하는 것을 말한다. 따라서 주관적 평가는 주민의존적이며, 정치적 기능을 수행한다고 본다. 또한 서비스에 대한 주민의 반응성, 형평성 측정을 목적으로 하며, 서비스 성과의 분배적 측면을 생각하고 지방정부의 성과를 외부적으로 평가하며 규범에 몰입하는 선택적 주민참여모형이다.

그러나 이 평가방법은 정책결정보다 더 일반적 수준에서 인지

적 평가적 기준에서 서비스의 산출과 계속 비교되어야 하며, 서비
스에 대한 주민태도의 성격이나 평가기준이 불분명하다는 점, 또
한 주민들은 일반적으로 정부에 관해 거의 알고 있지 못하며 그
럼에도 불구하고 자신들의 의견이나 만족을 표현하는 경향이 있
다는 점에서 비판을 받고 있다. 이와 아울러 주민들의 모든 만족
을 단지 몇 가지 차원에서 비교한다는 것은 유효하지 않으며, 만
족이나 평가를 표현하는 주민들은 서로 다른 기준과 이해관계에
있고, 시간의 흐름에 따라 느끼는 만족과 정도가 다르다는 점에서
주관적 평가에의 지나친 의존이 경계되고 있다.

(3) 종합적 평가

공공서비스에 대한 위의 두 가지 평가방법은 심각한 논란과 함
께 끊임없이 연구되어 왔다. 그러나 이 대립된 연구의 결과가 실
제에 있어서는 주민평가에 대해 관심을 제기하고 보다 적실한 평
가방법의 정립에 접근하는 좋은 계기가 되어 왔다. 객관적 평가방
법은 '객관적 사실지표(hard-data indicators)'의 개발과 여러 가지
계량적 분석방법의 적용을 연구하게 하였고, 주관적 평가방법 역
시 주민의 욕구와 선호가 무엇인지, 주민의 인지에 영향을 미치는
요인은 무엇인지, 주민은 어느 정도 만족하고 있는지에 관한 연구
를 진전시키고 있다.

따라서 양자의 측정결과가 일치하지 않기 때문에 서로 그 유용
성을 비판하거나, 어느 방법이 더 좋은 평가방법이라는 논쟁에서
벗어나 두 방법의 통합을 모색하는 주장들이 제기되기 시작했다.
이러한 주장을 하는 학자들은, 객관적 지표는 투입(input)을, 그리

고 주관적 지표는 결과(outcome)를 평가 대상으로 하고 있어 애초부터 양자간에 개념의 차이가 있었으며, 주관적으로 평가되는 서비스의 질은 구역(sub-region)마다 다름에도 불구하고 객관적 지표는 지역전체의 평균치를 산출한 값이기 때문에 양자의 결과가 다른 것은 당연하다고 한다.

이렇게 양자를 통합하여 종합적인 측면에서 평가를 시도하려는 연구들은 1970년대 후반부터 대두되기 시작하였다. 미국 도시연구소(The Urban Institute)에서는 도시공공서비스에 대한 효과성 개념에 대응성 개념인 주민만족정도까지 포괄하여 측정하는 방법을 제시하였다.[3] 1980년대 중반 일본에서는 성과측정에 있어 종래의 능률성 중심의 생산성 측정의 개념을 확장하여, 서비스의 질적 측면과 효과성을 동시에 파악하고자 하였다.[4]

이에 비하여 이미 앞에서도 언급했듯이, 우리나라의 경우 공공서비스에 대한 평가 연구는 상대적으로 빈약한 실정이다. 평가방

---

3) Harry P. Hatry, L. H. Blair, D. M. Fisk, J. H. Greiner, J. R. Hall, Jr., S. Schaenman, *How Effective Are Your Community Services? -Procedure for Monitoring the Effectiveness of Municipal Services-* (Washington D.C.: The Urban Institute and the International City Management Association, 1977). 이외에도 다음의 연구들 참조. Roger B. Parks, "Linking Objective and Subjective Measures of Performance," *Public Administration Review*, Vol. 44(March/April, 1984), pp.118-127.; W. J. Filstead, "Qualitative Methods: A Needed Perspective in Evaluation Research," in T. Cook and C. Reichardt(ed.), *Qualitative and Quantitative Methods in Evaluation Research*(Beverly Hills, CA: Sage, 1979).; M. Q. Patton, *Qualitative Evaluation Methods*(Beverly Hills, CA: Sage, 1980).

4) 齊藤達三·日高昭夫 共著, 「自治體行政の生産性: 效率化追求の新方向」 (東京: 日本能率協會, 1985).

법에의 연구는 객관적 평가방법인 서비스를 공급하는 정부의 공
급능력을 측정하는 연구,[5] 주관적 평가방법과 관련된 경험적 연
구,[6] 종합적 평가방법을 제시한 연구[7]가 있으나 아직 충분한 정
도는 아니다. 구체적인 기존연구는 선행연구의 검토부분에서 자세
히 다루고자 한다.

본 연구에서는 앞에서도 밝혔지만 종합적 평가방법의 입장에서 객
관적 평가와 주관적 평가를 병행해 보고자 한다. 그리하여 객관적 평
가와 주관적 평가는 어느 정도 서로 영향이 있으며, 또한 공공서비스
의 평가에 어느 방법이 더 적실하다고 말할 수 있는지, 혹은 어느 쪽
이라도 무시되어서는 안 되는지를 경험적으로 밝혀 보고자 한다.

2. 주민의 관점에서 공공서비스 평가

앞에서 살펴본 공공서비스의 평가방법은 평가의 대상이 되는
자료가 객관적인 통계자료냐 주민의 주관적인 평가자료냐에 따라
객관적 방법과 주관적 방법으로 구분되었다. 그러나 자료의 측면

---

5) 최영출, "도시서비스 공급수준의 평가," 「한국행정학보」, 제26권 제2
　　호, 1992년 여름호, pp.625-645.; 이종수, "38개 시군통합지역의 공공
　　서비스 공급능력 측정평가," 「지방자치연구」, 제7권 제1호(통권 12
　　호), 1995. 6., pp.91-114.
6) 김재홍·조경호, "지방정부 행정서비스에 대한 시민의 의식과 평가:
　　울산시를 중심으로," 「한국행정연구」, 제4권 제2호, 1995년 여름호,
　　pp.133-154.; 김원규, 「도로교통운영에 대한 시민의 의식과 만족도에
　　관한 연구」, 건국대학교, 박사학위논문, 1996.
7) 박용치, "도시서비스 전달의 주관적 평가: 통합모형의 모색," 서울시
　　립대학교 「논문집」, 1992. pp.115-138.; 김일태, 「도시공공서비스 전달
　　체제 평가모형 정립에 관한 연구」 서울대학교, 박사학위논문. 1992.

이 아니라, 평가의 주체가 누구냐의 측면에 따라 즉, 행정의 관점에서 공공서비스를 평가하느냐, 주민의 관점에서 평가하느냐로 나누어 볼 수도 있을 것이다. 행정의 관점에서 공공서비스를 평가해 온 것은 전통적인 서비스 전달 접근방법이라고 할 수 있다. 이에 대해 주민의 관점에서 공공서비스를 평가하려는 새로운 시도로 제기된 것이 '소비자주의'와 '공공서비스지향 접근방법'이라고 할 수 있다. 여기에서는 행정의 입장에서 공공서비스를 평가해 온 전통적인 접근방법에의 문제점을 제시하면서 그 극복을 위해 대두된 주민의 입장에서 공공서비스를 평가하는 방법을 소개하고 본 연구의 이론적 배경으로 삼고자 한다.

(1) 소비자주의(consumerism)

1) 대두배경

'소비자주의'는 소비자 운동과 같은 의미를 가지는데, 1960년대에 사기업 부문에서 대두되기 시작했다. 특히 자동차의 안전성에 대한 조사[8]나 케네디 대통령의 소비자의 4개 권리 제창[9]이 소비

---

8) Ralph Nadar, *Unsafe at Any Speed*(New York: Pocket Books, 1966).
9) Kennedy대통령은 4개의 소비자 권리를 주장했는데, ⅰ) 안전할 권리, ⅱ) 알 권리, ⅲ) 선택할 권리, ⅳ) 의견을 듣게 할 권리이다. *Executive Office of the President, Consumer Advisory Council: First Report*(Washington D.C.: U. S. Government Printing Office, October 1963). 谷原修身, 今尾雅博, 中村勝久 共譯, (1984), 「コンシュマリズム: 消費者の利益のために」, (東京: 千倉書房), pp.1-9.에서 인용.: 자세한 내용은 Enis와 Yearwood의 논문에서도 언급된다. Ben M. Enis and Dean L. Yearwood, "Consumer Protection in Public Sector Marketing: A Neglected Area in Consumerism," in P. N. Bloom and R. B. Smith, *The Future of Consumerism*(San Francisco: Lexington Books, 1986),

자 운동의 확립에 직접적인 영향을 미친 것으로 보여진다. 소비자주의는 전통적인 소비자의 관점을 탈피하고, 소비자의 권리를 보호하고 강화하고 확대하는 것을 목적으로 한다. 이 운동은 1970년대 후반까지 꾸준히 확대되어 오다가 1970년대 말에 쇠퇴되기 시작하고, 1980년대에 들어오면서 공공부문에 적용되기 시작하면서 '공공서비스지향모델(public service orientation model)'로 새롭게 정립된다. 소비자주의에 관해서는 많은 논의들이 있지만 여기서는 공공부문의 입장에서 살펴보기로 한다.

소비자에 대한 전통적 관점은 소비자를 '서비스를 받거나 구입하는 조직 외부의 사람,' 그리고 '다루어야만 하는 사람'으로 정의[10]하였다. 다시 말하면, 소비자는 사회보장서비스, 인·허가서비스, 경제개발 같은 공공부문이 다루는 재화나 서비스를 받거나 구매하는 주민 혹은 자발적인 비영리 조직으로 인식되었다. 또한 단지 조직의 외부인으로 욕구를 가진 주민이며, 행정은 이 욕구를 만족시켜 주는 것을 조직의 과업으로 여겨왔다. 이러한 의미에서 소비자는 행정에 의해 결정되고 주어지는 서비스를 소비하는 위치에 있게 되고, 행정은 소비자인 주민이 받는 것을 통제하고 지시하는 입장에 서게 되는 것이다.

사부문과 달리 공공부문에 있어서 행정의 명령과 통제가 수용되는 이유가 있기는 하다. 사부문에서는 서비스를 받는 사람과 조직이 존재하도록 허용하는 권위를 결정하거나 제공하는 사람이

---

pp.153-164.

10) George D. Wagenheim and John H. Reurink, "Customer Service in Public Administration," *Public Administration Review*, Vol. 51, No.3(May/June, 1991), pp.263-270.

보통 동일하다.11) 그러나 공공부문에서는 의사결정자와 서비스의 수혜자가 다르다. 사회보장서비스의 경우 서비스를 가능하게 하는 권위를 제공하고 결정하는 것은 모든 주민이지만, 단지 한정된 기준에 부합되는 주민만이 그 서비스를 받을 수 있기 때문이다. 이런 상황하에서 소비자의 개념이 분리되는데, 즉 서비스의 제공조직은 의사결정을 하는 사람을 위해 소비자-서비스 관점을 적용하고, 서비스의 운영에 있어 목적을 달성하기 위해 소비자에게 권위를 행사하는 것이다.

이에 대해 실제 서비스를 받거나 구매하는 소비자의 입장에서는 매일의 일상에서 행정이 업무를 수행하는 것을 보면서 의문을 가진다. "공무원은 왜 저렇게 일할까? 왜 자영업자를 격려한다고 할 때 소득세가 이해할 수 없을 정도로 형성되는가? 왜 사회보장을 담당하는 직원은 도움을 요청받을 때 그렇게 무례할까? 왜 정부정책이 수출을 장려할 때 수출허가를 얻는 데 그토록 시간이 걸리고 비용이 많이 들까? 왜 새로운 자본투자 프로그램에 관한 정보는 나 같은 중소기업인에게는 유효하게 만들어지지 않을까?"12) 등이다. 공공서비스의 소비자들은 종종 전문행정가들(expert administrators)의 선심 쓰는 듯한 태도에 분개하고, 봉건시대의 봉토에서 행해지듯이 행정기관 내에서 정책을 결정하는 데 핵심으로부터 배제되어 발언권(voice)이 없다는 느낌13)을 가진다는 것

---

11) 의사가 약을 처방하는 것과 교수가 학과 교재를 선정하는 것처럼 예외가 있다.
12) OECD, *Administration as Service-The Public as Client*(Paris, 1987), p.9.
13) J. F. Zimmerman, *The Federated City: Community Control in Large Cities*(New York: St. Martin's Press, 1972), p.15.

이다. 결국 소비자로서 주민은 폐쇄되고, 관료화되고, 자기 봉사적인(self-serving) 정부권력구조에 의해 패각 추방되어 불이익 받는[14] 것이다.

행정환경의 변화 특히 비용 삭감이라는 경제적 상황이 전개되고, 정부조직은 복잡하고 혼합된 사회구조의 한 부분이 되자 더 이상 전통적인 관점으로 주민을 인식할 수 없게 되었다. 정부와 사회는 상호 의존적이 되었고, 주민은 선거와 이익대표를 통해 정부활동에 적극적인 참여자가 되었다. 정부는 행정적 산출의 생산에 있어서 주민과 협동하고 정보를 제공하지 않으면 안 되는 등 주민에게 더 의존적이 되었다. 결국 정부는 어떤 범위에서 경제와 사회를 통제하고 감독하는 엘리트 체제(entity)라는 하나의 분리된 관점으로 스스로를 유지해오던 것에서 벗어나야 하게 된 것이다.[15] 그러므로 "행정은 주민의 욕구를 만족시키기 위해 존재"하며, 행정이 더 효과적 능률적으로 되려면 소비자인 주민이 원하는 것을 제공하고 소비자인 주민과 협력해야 한다는 새로운 철학과 태도인 소비자주의(consumerism)가 대두되었다.

2) 소비자의 개념

소비자라는 용어가 사부문에서는 '고객'이라는 용어로 대체되어

---

14) Dennis R. Judd and Robert E. Mendelson, *The Politics of Urban Planning: The East St. Louis Experience*(Urbana: University of Illinois Press, 1973).; M. Fantini and M. Gittell, *Decentralization: Achieving Reform*(New York: Praeger, 1973).; Edward C. Hayes, *Power Structure and Urban Policy: Who Rules Oakland?* (New York: McGraw-Hill, 1972).

15) OECD, op. cit., pp.26-27.

야 한다는 주장도 나오고 있다. 이에 대해 행정에서는 '소비자(consumer)'와 '고객(client)'이라는 용어에 대해서 상반된 주장을 보인다.

Patterson과 Marks는[16] 사전에서 사용된 전문적 어의론(professional semantics)의 입장을 들어 고객보다는 소비자를 선호한다. 즉, Webster 사전의 정의에 따르면, 고객(client)은 "또 다른 사람의 보호 아래 있는 사람: 종속자" 혹은 "또 다른 사람(법률가 등)의 전문적 자문이나 서비스를 받는 사람" 혹은 "사회기관(복지기관)의 서비스에 의해 봉사 받거나 이용하는 사람"으로서 정의된다. 대조적으로 소비자(customer)[17]는 "상품이나 서비스를 구매하는 사람"으로 정의된다고 한다. 이 것은, 고객이란 용어는 수동적인 이미지를 나타내는 반면, 소비자라는 용어는 서비스나 상품을 선택하거나 구매하는 적극적인 이미지를 나타낸다는 것이다. 이러한 적극적 또는 소극적 이미지의 차이는 좋은 소비자(good customer)와 좋은 고객(good client)의 정의에 의해 분명해진다. 좋은 고객이란, 약속을 지키고, 자극받고, 들은 대로 행하는 개인으로 인식되는 반면, 좋은 소비자란, 돈을 지불하고, 항상 다시오고, 다른 사람들에게 상품이나 서비스를 추천하고, 자신들이 원하는 것을 알고, feedback을 제공하는 개인으로 인식된다는 것이다. 이러한 의미의 차이에 따라 그들은 소비자라는 용어를 사용하고 있다.

OECD의 보고서는 이와 반대로 '고객(client)'을 선호한다.[18] 그

---

16) Jeanne Boland Patterson and Cindy Marks, "The Client as Customer: Achieving Service Quality and Customer Satisfaction in Rehabilitation," *Journal of Rehabilitation*, (October-December, 1992), pp.16-21.
17) Patterson과 Marks는 사부문에서는 consumer가 customer로서 언급되고, 공공부문에서는 consumer가 client로서 언급된다고 한다.

이유는 ⅰ) 시민(citizen)보다 더 넓은 행동가의 범주(예, 기업)를 망라한다. ⅱ) 고객은 납세자라는 인식에 더하여 사용료와 수수료를 통해 서비스의 비용에 직접적으로 공헌한다. ⅲ) '사용자(user)'나 '소비자(consumer)' 같은 더 중립적인 용어보다 공공서비스에 대해서 더 활동적이고 강요적인 느낌을 전달한다. ⅳ) "고객은 왕"이라는 문구의 의미처럼 개혁에 관한 정부 사고(thinking)의 정향을 수사적으로라도 총합하기 때문이라는 것이다. 그러나 본 연구에서는 특별히 '소비자'와 '고객'이라는 용어의 차이를 구별함이 없이 특정 공공서비스의 사용자로서의 주민, 주민으로서의 공공서비스 사용자 혹은 비사용자 모두를 망라하는 것으로 간주한다.

  3) 소비자주의의 내용

  소비자주의(혹은 소비자 – 서비스 철학)는 전통적으로 모든 조직이 내부에의 관심, 생산성 지향, 비용 삭감, 내적 효율성에 강조를 두어 온 데 반해, 내부로부터 외부에로의 관심, 더 능률적이고 효과적으로 주민이 원하는 것 제공, 소비자로서의 주민과 협력하는 신념을 말한다. 이러한 내용은 재화와 서비스의 생산과 소비의 관계에서, 생산하는 사람과 제공받는 사람들 사이에 존재하는 권력의 불균형을 구제하기 위해 시도되었다.[19] Wagenheim과 Reurink는 Tocqueville의 말을 인용하여 소비자주의가 표방하는 개념을 한 마디로 명확하게 요약했다. 즉, "정부는 주민의 욕구를 만족시키기 위해 존재한다. …… 모든 것은 주민들로부터 오고, 모든 것은 주민들에 의해 흡수된다."

---

18) OECD, op. cit., pp.10-11.
19) Jenny Potter, "Consumerism and the Public Sector: How Well Does the Coat Fit?", *Public Administration*, Vol. 66(1988), pp.149-164.

는 것이다.[20] 만약 비용이 삭감될 수 있고, 고객에 대한 서비스가 만족스러운 태도로 유지될 수 있다면, 그러면 행정가는 그들의 직업을 수행한 것이다.

결국 소비자주의는 (1) 서비스의 구매자가 자유와 통제를 가진다. (2) 구매자가 선택권을 갖는다. (3) augmented service[21]가 공급자 선택에 있어서 결정요인이다. (4) 연결된 공급자들은 공통목표가 필요하다. (5) 소비자는 다양하고 이질적이라는 관점을 의미[22]한다. 이러한 의미에서 소비자주의는 '소비자로서의 주민, 서비스로서의 행정'으로 나타내기도 한다.

대부분의 소비자주의에 관한 연구들은 그 개념을 다섯 가지 요건으로 집약하는데,[23] 접근성(access), 선택(choice), 정보(information), 구제(redress), 대표성(representation)이다.

접근성이란, 주민들이 공공서비스에 의해 제공된 이익에 접근할 수 있어야 함을 의미한다. 앞에서도 언급한 바와 같이 공공부문에서는 서비스를 위해 비용을 지불하는 사람과 그것으로부터 이익

---

20) G. D. Wagenheim and J. H. Reurink, op. cit., p.264.; Alexis de Tocqueville, *Democracy in America*, 2 vols. (New York: Vintage Books, 1945), vol. 1, p.59. Wagenheim and Reurink에서 재인용.

21) Wagenheim과 Reurink는 서비스를 core service, tangible service, augmented service의 세 가지로 구분했다. 핵심(core)서비스는 법에 의한 순응과 같은 서비스의 편익, 유형(tangible)서비스는 면허, 교통제공, 고객에 대한 충고 등의 서비스, 확대(augmented)서비스는 커뮤니케이션, 정보, 대응성, 문제해결 등을 포함하는 서비스를 의미한다고 하면서, 이 중에서 augmented service가 소비자 서비스의 주요 영역이라고 한다. G. D. Wagenheim and J. H. Reurink, Ibid., p.264.

22) G. D. Wagenheim and J. H. Reurink, Ibid., p.266.

23) 특히 Epstein은 유럽에서의 문헌조사에서 소비자주의에 대한 연구 결과의 일치를 밝히고 있다. Joyce Epstein, *Public Services: Working for the Consumer*(London: RICA, 1990), p.14.

을 받는 사람이 반드시 동일 인물이 아니기 때문에 접근의 원칙이 자동적인 소비자 권리로 전환되어 질 수는 없다. 이에 대해 Potter는 접근권을 누가 가져야 할 것인가를 결정하는 것이 지방정부에서는 분명히 선거로 당선된 사람들이라고 주장한다.[24] Epstein은 접근을 물리적, 사회적, 제도적 접근으로 구별하였다.[25] 물리적 접근(physical access)이란, 시간과 장소와 연관된 개념이다. 공공서비스를 제공하는 관공서들의 개방시간이 주민들이 이용하기 편하거나 원하는 시간에 개방되어야 한다는 자각인데, 예를 들어 대부분의 주민들은 한낮의 점심시간이나 퇴근 후의 시간에 관공서에서 업무를 보고 싶어 하지만 이 시간에는 대부분의 관공서가 문을 닫기 때문에 마치 여유 있는 은퇴자들을 위한 것처럼 느껴진다는 것을 지적하고 있다. 또한 관공서 건물의 물리적 위치와 외양, 혼란스러운 사무실 배치, 직원과 주민 사이에 창구 설치, 장애자를 위한 시설의 부재 역시 물리적 접근과 관련된 개념으로 본다. 사회적 접근은 관료가 주민을 대하는 태도와 연관된다. 주민들은 비인격적으로 취급받으며, 때때로 노골적인 무례함을 경험하며, 권위주의적인 태도로 취급당하는 "성가신 존재"라는 느낌을 받는다. 제도적 접근은 복잡한 규칙과 의사결정 과정에 관련된다. 주민들은 지나치게 복잡한 여러 가지 제도 때문에 "핑퐁행정에서 공의 역할"을 하는 것처럼 원하는 서비스를 얻기 위해 이리저리 뛰어다니게 된다는 것이다.

---

24) J. Potter, op. cit., p.151. 그러나 이러한 관점 때문에 소비자주의는 주민참여로 나아가지 못하고 대표성에서 머무르고 만다는 비판을 받게 되고, 이어서 대두된 공공서비스지향 접근방법은 주민의 참여를 소비자주의와 구별되는 특징으로 주장하고 있다.

25) J. Epstein, op. cit., pp.15-17.

선택은 주민이 공공서비스를 "받거나 혹은 떠나거나"를 의미한다. 주민은 자신이 살고 있는 지역의 정부가 제공하는 공공서비스를 받아들이거나, 자신들의 바람과 일치하지 않거나 불편을 느끼면 다른 지역으로 거주지를 옮길 수 있다. 이것은 동시에 공공부문의 서비스 소비자들은 사부문에 있어서 보다 선택의 범위가 조금밖에 없거나 전혀 없다는 특성을 나타내는 것이기도 하다. 선택에 있어서는 선택을 하지 못하는 위치에 있는 사람들이 있다는 점에 주의해야 한다. 정신적으로 아픈 사람들처럼 선택 능력이 없는 경우, 혹은 치료받는 어린이를 위해 다른 사람들의 선택 능력을 사회가 빼앗는 경우 이들의 이익이 간과되기 쉽다. 따라서 개인이 선택을 직접적으로 할 수 없는 곳에서는 그들의 이익을 당연하게 보장하는 다른 장치들이 반드시 개발되어야 하며, 정부는 주민이 실제로 원하는 것, 좋아하는 것, 필요한 것, 기꺼이 돈을 지불하고자 하는 것이 무엇인지를 알아야 한다.

정보는 사부문보다 공공부문에서 더 중요하게 간주되는데, 서비스의 제공자와 소비자에 의해 소유된 정보의 양에 있어서 정부부문이 불균형이 크기 때문이다. 특별히 지역사회에 있어서 불이익의 지위에 있는 사람들은 유효한 공공서비스에 대한 정보가 부족하다. 심지어 그들은 서비스가 존재하는지 알지 못하고, 서비스에 대한 그들의 권리를 이해하지 못하며, 서비스를 얻는 방법에 대해서도 혼란스럽다. 정보는 "공무원"에 의해 지도되며, 보통의 사람들에게는 완전히 이해될 수 없기 때문에 종종 '어떤 것을 말해 주는 사람이 아무도 없었다'는 불평이 많은 것으로 조사되고 있다.26) 진정한 정보란, 지방정부가 제공하려는 목표의 기준과 성취

---

26) J. Epstein, Ibid., p.14.

된 표준, 서비스에 대한 그들의 권리, 그것들을 사용하는 데 따르는 책임성, 정부기관의 구조화된 방법과 의사결정 과정 방법, 왜 결정이 이루어지고, 어떤 결정이 실제적인지를 아는 것 등으로 이러한 종류의 정보만이 진정한 권력을 보증할 수 있다고 한다. 정보의 부족이 팜플렛이나 게시판 등의 부족과 일치하지 않는다는 점에 주의할 필요가 있는데, 프랑스의 최근연구에 따르면 너무 많은 정부의 출판책자가 있지만 그것들은 주민이 필요한 진정한 정보를 제공한 것이 아니라, 주민을 지도하기 위해 만들어진 생산품에 지나지 않았다고 지적한다.[27]

구제란 공공서비스에 대한 주민의 불평·불만을 해결하기 위한 장치들을 말한다. Epstein의 프랑스의 연구에 따르면 대부분의 주민들은 "행정가는 결코 사죄하지 않거나 심지어 그들의 잘못을 인정하지 않는다. …… 한 번 결정된 것은 거의 변하지 않는다"고 생각하고 있었다.[28] 공무원들의 이러한 태도는 주민들의 불만을 해결하기 어렵게 하는데, 실제로 대부분의 나라들에 있어서는 공공분야에서 소비자가 구제를 얻는 기회가 거의 없다는 것이다. 비록 Ombudsmen과 Mediateurs 등의 불평구제장치가 있지만 주민들은 잘 모르며, 너무 좁은 해결의 영역 때문에 진정으로 유용하지 못하다는 것이다. 앞에서 언급한 제도적 접근 장벽 또한 주민들의 불만토로를 막는 데 일조하고 있다.

대표성이란 주민들의 이익에 관한 결정을 하는 의사결정자들에 의해 적절하게 대표되어야 하는 소비자의 관점을 의미한다. 그러나 주민들은 의사결정체제로부터 배제되었다고 느끼기 때문에 자

---

27) J. Potter, op. cit., p.153.
28) J. Epstein, op. cit., p.17.

신들이 받는 서비스는 자신들이 원하거나 요구하는 것이 아니라고 느낀다. 따라서 주민들의 관점에서 보면 공공서비스에 영향을 줄 수 있는 사람들은 완전히 비대응적이고 주민들로부터 멀리 떨어져 있다고 느낀다. 그러나 공공부문의 서비스가 주민들의 일상생활에 필요불가결한 것이고, 주민들은 공무원들에 의한 결정의 결과에 따라야 하며, 의사결정과정에 영향을 줄 수 있는 사람들은 주민의 대표자라는 점에서 논의가 계속되고 있는 문제이다.

(2) 공공서비스지향 접근방법(public service orientation approach)

1) 대두배경 및 개념

1980년대에 들어서면서 성공적인 미국의 한 기업 연구[29]에서 소비자에 대한 관심이 중요하다는 것이 부각되자, 이러한 사부문 경영개념이 공공분야에 더 많은 영향을 미치기 시작했다. 그러나 이와 동시에 사부문의 경영개념을 공공부문에 직접적으로 적용하는 것은 표면적인 결과밖에 변화시키지 못한다는 소비자주의에 대한 비판이 대두되었다. 비록 소비자주의가 온정주의(paternalism)에 근거한 전통적인 서비스 전달과는 극적인 대조를 부각시켰지만, 전달된 공공서비스에 대한 지속적인 중요성을 강조하지 못했기 때문에 상대적

---

29) T. J. Peters and R. H. Waterman, In Search of Excellence: *Lessons from America's Best Run* Companies(New York: Happer & Row, 1982). Peters와 Waterman은, "훌륭한 기업(excellent companies)은 진정으로 소비자와 가깝다. 즉, 다른 회사들이 그것에 대해 말하는 반면 좋은 회사는 그것을 실천한다."고 주장하였다. 이러한 연구 결과는 '훌륭한 정부(excellent government)'로 원용되면서 지방정부의 성공기준으로 강조되기 시작했다.

으로 피상적인 경향이 되었다는 것이다.[30] 이같이 혼재된 상황에서
사부문의 소비자에 관심을 강조하는 내용을 유지하면서 공공부문의
특성도 감안하려는 노력의 결과로 '소비자에 대한 서비스(services
to consumer)'에서 '공공을 위한 서비스(services for the public)'[31]
를 조직적 가치로 제기하는 '공공서비스지향 접근방법(public
service orientation approach)'이 대두되었다.

공공서비스지향 접근방법이란, 정부활동의 존재 이유와 정당성
이 공공을 위한 서비스에 놓여있다고 보고, 공공을 공공분야에 의
존하는 소비자로 생각하지 않고 서비스에 대해 관심을 가지고 높
은 기준을 요구하는 소비자로 간주한다. 특히 소비자로서의 주민
에 대한 관심뿐 아니라 시민에 대한 관심을 강조함으로써, 단순한
소비자주의를 넘어선 참여(participation)와 공공책임성(public
accountability)을 부각시켜 공공부문이라는 특성을 살리고 있다.

다시 말하면, 공공서비스지향 접근방법은 주요가치로서 '공공을
위한 서비스'를 보고 있다. '공공에 대한 서비스'가 '서비스'에 강조
를 두는 데 비해, '공공을 위한 서비스'는 '서비스가 제공되는 사람
들'을 강조하는 데 차이가 있다. 공공을 위한 서비스의 구체적 내
용은 다음과 같다. ⅰ) 지방정부활동은 공공을 위한 서비스를 제
공하는 데 존재한다. ⅱ) 지방정부의 유효한 자원 내에서 제공하
는 서비스는 그 질에 의해 판단될 것이다. ⅲ) 제공된 서비스가
제공받은 사람들을 위해 가치 있다면 진정한 가치이다. ⅳ) 제공
받는 사람들은 양질의 서비스를 요구한다. ⅴ) 서비스의 질은 고

---

30) Robin Hambleton, "Consumerism, Decentralization and Local
   Democracy," *Public Administration*, Vol. 66(Summer, 1988), pp.125-147.
31) 이 개념은 service for not to the service라고 말해지기도 한다.

객에게 밀접함(closeness)을 요구한다[32]이다.

소비자로서의 주민에 대한 강조뿐 아니라 시민에 대한 관심은 정부의 주인은 주민이라는 망각되어 있던 인식을 새롭게 부각시킴으로써, 기존에 생산자로서의 정부와 관료에 두었던 초점을 생산권리를 위임한 주민에게로 돌리는 데 정당성을 제공하고 있다. 특별히 시민의 권리와 의무를 의미하는 시민성(citizenship)은 공공서비스지향 접근방법에서 소비자주의와 구별되는 개념으로 강조된다. Gawthrop은 "시민성은 공동체의 구성원의 권한과 의무를 규정하는 지위와 역할이다. 그 지위와 역할은 공식적으로는 헌법, 헌장, 법률에 따르고, 자격, 권리 및 의무라는 말로 규정되고, 비공식가치, 전통 및 합의에 따라 결정된다. 시민이란 특정의 지역공동체(community)에서 공식 혹은 비공식으로 정해진 시민성의 자격을 가지고, 그 지역공동체에서 지정된 역할과 의무를 가진 자이다."라고 시민성과 시민을 정의한 Goober의 말을 인용하여[33] 설명하고 있다. 고대 아테네나 로마에서와 같이 시민이 공동체의 정치에 직접 참가하여 스스로 통치를 하던 시대에는 시민성의 발휘가 쉽고 당연한 것이었지만, 현대에는 정부가 당면한 문제의 복잡화와 전문화, 이를 해결하기 위한 관료의 전문직업화, 정부규모의 확대 등이 시민성을 후퇴시키는 경향이다. 시민은 본래의 책임과 역할을 행정 전문가 집단에게 위임하고 행정으로부터 공급된 공

---

32) John Stewart and Michael Clarke, "The Public Service Orientation : Issues and Dilemmas," *Public Administration*, Vol. 65(Summer, 1987), pp.161-177.
33) Louis C. Gawthrop, "Civis, Civitas, and Civilitas: A New Focus for the Year 2000," *Public Administration Review*, Vol. 44, No.3(1984), pp.101-107.

공서비스의 소비자에 지나지 않게 되었기 때문이다. 그러나 주민
이 배제되어서는 행정의 존재 이유가 설명될 수 없고, 앞으로의
행정이 대처해야 할 새로운 상황으로 떠오르는 환경문제나 국제
문제 등의 해결은 주민의 적극적인 이해와 도움이 없이는 불가능
하므로 시민성을 강조하는 데 관심을 두지 않을 수 없게 된 것이
다. 또한 현대의 시민성은 주민의 참여를 통해 확보될 수 있으므
로 공공서비스지향 접근방법이 특히 강조하는 내용이다. 참여와
아울러 강조되는 공공책임성은 공공서비스에 대한 책임이 무엇인
지, 어떻게 공공서비스가 전달되어야 하는지를 공공에게 묻는 것
을 말한다. 예를 들어 정부가 계약을 통해 제공한 공공서비스에
대해서 사기업은 정부에 계약적인 책임만을 질 뿐 주민에게 직접
적으로 책임지지 않는다. 결국 계약당사자인 정부에게 주민에 대
한 서비스의 책임이 남겨져 있는 것이다. 이러한 기존의 사고에
대해 공공서비스지향 접근방법은 사기업이든 지방정부든 공공조
직의 구성원이든 소비자인 주민에게 좋은 서비스를 제공할 책임
이 있다는 것을 주장한다. 도시정부가 계약하고 모니터하는 데 있
어 주민을 위한 관심을 가져야 하는 것은 당연하고 이와 동시에
계약자에게도 그와 같은 관심을 가질 것을 기대하기 때문이라는
것이다.

그러므로 공공서비스지향 접근방법은 단순히 소비자지향(a customer
orientation)을 의미하는 소비자주의와 구별되고, 그 핵심은 시민성,
참여, 공공서비스 윤리(citizenship, participation, a public-service
ethic)를 의미[34]한다.

---

34) Christopher Pollitt, *Managerialism and Public Services: the Anglo-
American Experience*(Blackwell: Oxford, 1990), pp.149-151.; John

Richards는 이 공공서비스지향 접근방법을 하나의 새로운 경영 패러다임(management paradigm)이라고까지 보았다. 전통적인 온정적 패러다임에서는 공공서비스 경영에 있어 관료들이 소비자인 주민의 욕구를 "우리가 가장 잘 안다"고 주장하면서, 관료들의 전문직업가적인 기술과 지식으로 능률성을 강조하였다. 그러나 이러한 능률적 패러다임은 이전에 우세했던 권력의 균형을 변동시키고 소비자로서의 주민에게 초점을 맞추는 새로운 소비자 패러다임에 그 자리를 내어줄 수밖에 없다[35]는 주장이다.

2) 특 징

공공서비스지향 접근방법은 전통적인 서비스 전달 접근방법과 비교하면 그 특징이 명확하게 드러난다. 전통적인 서비스 전달 접근방법은 공공서비스의 전달과 배분에 있어 능률성을 강조하므로 행정활동에 있어서도 규모의 경제를 근거로 하고, 대규모 조직을 통제하기 위한 수단으로 관료제를 이용하는데, 구체적으로는 다음과 같은 특징으로 요약될 수 있다.[36] 첫째는 관료적(bureaucratic)이다. 지방정부는 자세한 규칙과 절차에 의해 지배되고, 그 규칙과 절차는 주민을 다루는 데 있어 통일성, 평등성, 예측가능성을 생산해야 하는데 관료적 조직체제가 이에 적합하다는 것이다. 둘째는

Fenwick, Managing Local Government(London: Chapman and Hall, 1995), p.49.

35) S. Richards, *Who Defines the Public Good?-The Consumer Paradigm in Public Management*(London: Public Management Foundation, 1992).

36) Kieron Walsh, *Marketing in Local Government*(London: Longman, 1989), pp.3-5.

대규모와 중앙집중(large and centralized)이다. 규모의 경제를 위해서는 조직이 대규모로 될 필요가 있다는 것이다. 그러나 조직의 규모는 공공서비스를 실제로 받는 사람과 조직중심 사이에 간격을 창출하게 되고, 여기서 권력이 중앙에 놓이게 됨으로 보통의 주민들이 더 접근하기 어렵게 되는 데 문제가 생긴다. 셋째는 자기충원(self-sufficient)이다. 지방정부는 서비스 전달과 배분에 필요한 인력을 그 스스로 고용하고 심지어 다른 기관과 상호 의존하지도 않는 대규모의 고용조직체제가 된다. 넷째는 전문직업가적인 지배(professionally dominated)이다. 전문가가 지방정부를 통제하고 중심에는 법률가와 회계사가 있다. 개인에게 제공되는 공공서비스는 특정 전문가 집단에 의해 지배되는데, 즉 이들 전문가의 판단이 서비스의 본질과 전달방법에 관한 결정을 지배한다. 다섯째는 구조에 대한 관심(concerned for structure)이다. 행정에 있어 관리(management)의 중심이 구조에 놓인다는 것이다. 조직의 문화와 과정을 위해, 그리고 효율적인 관리체제를 위해 구조 내에서 무엇이 발생하는지에 관심을 기울인다.

이에 대해 공공서비스지향 접근방법은, 첫째, 대응적(responsive)인 관리를 주장한다. 주민들의 욕구가 다양하다는 것을 인식함과 아울러 그 다양한 욕구를 충족시키려고 시도한다는 것이다. 기존의 접근방법은 규모의 경제를 중요시했기 때문에 대량 생산의 개념을 벗어날 수 없었다. 그러나 시대가 변하면서 주민들은 자신들의 개성과 취향을 살린 독특함을 요구하고 있으므로 다품종 소량생산의 개념으로 바뀌고 있다. 공공서비스도 이러한 변화의 물결을 저항할 수는 없는 것이다. 둘째는 소규모와 분권화(small and decentralized)이다. 대규모 조직의 불합리성과 병폐를 인식하고 이것을 극복하기 위한 작은 정부의 개념을 도입하고, 서비스를 전달하는 사람에게 권위와 책임성을 부여하는 것이다. 따라서 권력의 중심이 서비스를 직접 전달하는 일선관리자에게로 이동하는 분권화가 나타난다. 셋째는 협력 (cooperative)이다. 여러 조직들, 즉 사부문과 공공부문, 지방정부와 다른 기관, 그리고 개인들의 업무 사이에 연계를 인식하는 것이다. 넷째는 소비자에 의한 통제(consumer-controlled)이다. 공공서비스에 대해 소비자로서 주민의 영향을 허용하는 것을 의미한다. 다섯째, 과정에의 관심(concerned with process)이다. 지방정부가 구조뿐 아니라 과정에까지, 그리고 조직의 문화와 체제에 대해서도 관심을 증가시켜야 함을 의미한다.

이러한 공공서비스지향 접근방법은 네 가지 특징을 강조하고 있다. 접근성, 선택, 서비스의 질, 참여가 그것이다. 접근성과 선택의 개념은 앞에서 언급한 소비자주의와 큰 차이가 나지 않으므로, 여기서는 서비스의 질과 참여에 대해서만 살펴보기로 한다.

서비스의 질이란 서비스 등급이 아니라 서비스 요구조건의 충족, 목적적합성을 의미하는 것으로 절대적 개념이 아닌 소비자와의 관계 속에서 파악되는 상대적 개념이라고 볼 수 있다. 이러한 서비스의 질은 "결핍으로부터의 자유"와 "소비자 욕구 충족" 혹은 "감소된 서비스 편차"와 "소비자 욕구 결정"이라고 정의되기도 한다.37) 서비스의 질을 결정하는 요인은 특별히 물적 재화와 같지 않아서 생산 후 그리고 전달 전에 그것을 테스트할 수 없기 때문에 더 찾기 어렵다. 또한 서비스의 질은 관료의 기술과 이해

---

37) Philip B. Crosby, *Quality is Free*(New York: McGraw-Hill, 1979), pp.15, 37-38.: G. D. Wagenheim and J. H. Reurink, op. cit., p.264. 에서 재인용.

에 의존하기 때문에 공공서비스에 있어 관료의 훈련과, 관료에 대한 조직의 내부적 마케팅이 중요시된다. 그러나 서비스의 질은 생산자 혼자를 위한 문제가 아니라는 것을 간과해서는 안 된다. 전달된 서비스의 질은 전달된 서비스를 받는 주민에 따라 다르고, 단지 주민에 의해서만 판단되어질 수 있기 때문이다. 따라서 주민의 관점에서 공공서비스를 평가하는 것이 필수불가결한 것으로 떠오른다.

참여는 만약 주민들이 공공서비스가 그들에게 속해있다고 느끼지 않고, 그들과 멀리 떨어져 있는 것이라고 느낀다면 그 서비스를 지지하지 않을 것이며, 전문직업주의(professionalism)와 생산자에 의한 통제는 서비스 배분에 있어 주민들이 거의 해야 할 역할이 없다는 느낌을 들게 할 것이기 때문이라는 인식에서 강조된다. 따라서 주민은 공공서비스 결정과 전달과정에 직접 개입하여 도시공공서비스의 공동생산 또는 공동공급에 자신들의 수요를 반영시켜 정부의 활동에 변화를 초래하는 역할을 담당해야 한다. 특별히 현대의 대표민주제는 주민들의 적극적인 지지가 없을 때 행동을 위한 충분히 강력한 정당성을 갖지 못한다. 그것은 생산과 관리에 적극적인 관심을 가진 서비스를 받는 사람들에 의해 참여민주주의를 통해 지지되어야만 한다.

(3) 공공서비스에 대한 주민평가기준

이제까지 살펴본 공공서비스 연구자들과 '소비자주의자', '공공서비스지향 접근방법'의 연구가들은 행정이나 서비스의 생산자 관점에서 벗어나 주민의 관점에서 공공서비스를 평가하는 기준을 여러 가지로 제시하고 있는데, 그 내용을 정리하면 다음 〈표 2-1〉과 같다.

본 연구에서는 이 중에서 NCC(National Consumer Council)의 평가기준을 원용하여 우리나라의 공공서비스에 대한 주민 평가를 시도하고자 한다. NCC는 본 연구가 공공서비스에 대한 새로운 관리 철학으로 제시하는 "소비자주의"와 "공공서비스지향 접근방법"의 입장에서 평가기준을 제시하고 있다. 따라서 이러한 평가기준으로 우리나라의 공공서비스에 대한 평가를 시도해 봄으로써 그 이론들의 적실성을 검토해 볼 수 있을 것이다.

〈표 2-1〉 공공서비스에 대한 주민평가기준

연구자	공공서비스에 대한 주민평가기준	
Fitzgerald and Durant[1] (1980)	· 대응성 · 비용 · 편익평가	
Brown and Coulter[2] (1983)	· 효과성 · 형평성	
Maxwell[3] (1984)	· 적절성과 적실성(appropriate & relevant) · 유효성과 접근성(available & accessible) · 형평성(equitable) · 수용가능성(acceptable) · 경제성과 능률성(economic & efficient) · 효과성(effective)	
NCC[4] (1986)	· 서비스의 질 · 이익성 · 선택성 · 접근성 · 정 보	· 이용상 용이성 · 대표성 · 경제성과 능률성 · 구 제 · 부작용
Clark and Stewart[5] (1987)	· 소비자와 시민에 대한 근접성 (closeness to the customer and citizen) · 공공의견 청취(listening to the public) · 공공의 접근성(access for the public) · 공공의 입장에서 서비스를 보는 것 (seeking service from the public's point of view) · 견해, 제안 및 불평 탐색 (seeking out views, suggestinos, and complaints) · 공공의 알 권리 보장(the public's right to know) · 서비스의 질(quality of service) · 서비스 질의 검증으로서 공공 (the public as a test of quality)	

연 구 자	공공서비스에 대한 주민평가기준
Deakin and Wright[6)] (1990)	• 책임성: 서비스 제공자들이 서비스 이용자나 지역공동체에 대해 책임을 질 수 있는 효과적인 방법(단순히 공식적인 것이 아닌)이 존재하는가? • 대표성과 참여: 주민의 대표자들이 공공서비스의 정책결정이나 논의과정에 참여함으로써 어느 정도 책임을 질 수 있는 수단이 있는가? • 정보: 서비스의 운영·조직 및 성과에 관해서 정규적인 정보의 흐름이 존재하는가? • 접근성: 서비스가 얻기 쉽고 이용하기에 쉬운가? 서비스를 원하거나 필요로 하는 사람에게 쉽게 접근할 수 있도록 되어 있는가? • 선택: 소비자들이 자유스럽게 선택하도록 서비스가 공급되는가? 만약 그렇다면 어떻게 그리고 어떠한 방법으로 되어 있는가? • 구제: 서비스에 관한 불평들이 불필요한 비용이나 지체 없이 추구될 수 있는 장치가 있는가?

자료: 1) Michael R. Fitzgerald and Robert F. Durant, "Citizen Evaluations and Urban Management: Service Delivery in an Era of Protest," *Public Administration Review*, Vol. 40(1980), pp.585-594.

2) K. Brown and P. B. Coulter, op. cit., pp.50-58.

3) Robert Maxwell, "Quality Assessment in Health," *British Medical Journal* 288(12 May, 1984) -J. Potter, op. cit., p.155.에서 재인용.: Deakin and Wright의 책에서도 소개됨- N. Deakin and A. Wright, op. cit., p.8.

4) National Consumer Council, *Measuring up: Consumer Assessment of Local Authority Services*(London, 1986). -Deakin과 Wright의 책에서도 소개됨- N. Deakin and A. Wright, op. cit., p.9.: 자세한 내용은 다음 장에서 논의됨.

5) Michael Clarke and John Stewart, *The Public Service Orientation: Developing the Approach*(Luton: Local Government Training Board, 1986), p.85.

6) N. Deakin and A. Wright, op. cit., p.12.

3. 선행연구의 검토

공공서비스에 대한 주민평가 연구는 외국의 경우에는 비교적
활발하게 이루어지고 있는 분야이다. 그러나 한국에서는 상대적으
로 연구가 별로 이루어지지 않고 있다. 그 이유는 앞에서도 언급
하였지만 이제까지의 행정문화가 주민에 초점을 두기보다는 행정
이나 행정관료에 초점을 두고 이루어져왔고, 공공서비스라는 측면
도 위에서 주어지는 것만 강조했지 그것을 실제로 소비하는 주민
의 입장은 고려하지 않았기 때문으로 생각된다.[38] 이러한 행정환
경으로 인하여 주민의 평가 연구는 극히 미미하다. 이와 아울러
주민의 평가 혹은 주민만족은 그 개념이 모호하고 설정된 개념에
의 연구도 주관적이고 심리적인 분야이므로 객관적이고 과학적인
연구를 추구하는 경향과는 유리된 감도 없지 않다. 이러한 연구
경향은 또한 앞에서 살펴본 바와 같이 객관적 평가방법과 주관적
평가방법이 나타내는 방법상의 어려움에 기인하기 때문이기도 하
다. 즉, 정부자료에 의거한 객관적인 평가는 자료수집에 어려움이
있고, 설문조사에 의존하는 주관적인 평가는 시간과 노력이 많이
요구된다는 점이다. 최근 한국의 경우에는 공공서비스의 주관적
평가에 대한 관심이 나타나고 있으나 주로 객관적인 서비스의 전
달 상태에 대한 성과측정의 연구가 지배적이고 주민의 만족도에
의한 평가연구는 드문 실정이다.[39] 또한 주민의 만족에 대한 연구

---

38) 이러한 인식이 결국 주민만족의 측정보다는 조직적 혹은 전문가적 기
　　준에 의해 공공서비스의 질을 판단하는 연구 경향을 가져왔다. Roy
　　Griffiths, "Does the Public Service Serve? The Consumer Dimension,"
　　Public Administration, Vol, 66(Summer, 1988), p.199.
39) 제2장 주 5), 6), 7) 참조.

도 실증적인 만족의 측정 분석보다는 개념적인 정리에 그치고 있다.[40] 그러나 이론적 배경에서 살펴보았듯이 공공서비스는 주민에 의한 평가가 필수불가결하다. 따라서 공공서비스에 대한 주민만족의 경험적인 선행연구를 간략하게 검토해 봄으로써 현재의 연구 경향과 앞으로의 연구 방향을 가늠할 수 있다. 먼저, Rossi와 Berk(1974)는[41] 미국 15개 대도시를 대상으로 주민들의 지역경제와 도시행정의 성과에 대한 평가를 연구하였다. 자료는 지역 엘리트 인터뷰, 행정 기관 인터뷰, 흑인주민 200명과 백인주민 200명에 대한 설문조사의 세 수준에서 수집되었다. 전반적인 시 성과의 주민평가라는 종속변수는 세 가지 유형으로 측정되었는데, 시장(mayor)의 지역문제 해결에 대한 노력정도가 첫 번째 평가 유형이다. 시장의 노력여부는 시장이 흑인 주민들의 필요와 요구에 대해 얼마나 공감하고 있는가에 대한 엘리트의 인터뷰에서 얻어진 평가가 가장 평균적인 평가와 밀접하게 연관되는 것으로 나타났는데, 시장이 공감한다고 인지할수록 시장이 열심히 노력하고 있다는 것에 더 높은 평가를 받았다(상관계수=.83). 두 번째는 시 정부에 대해 얼마나 접근가능성이 있으며, 시 정부는 얼마나 대응적인가 하는 정도를 주민 권한이라는 유형으로 평가하였다. 그 결과 그들의 요구가 시 정부에 받아들여진다고 느끼는 흑인주민들일수록 정부가 서비스 전달을 잘 한다고 만족하고 있는 것으로 나타났다. 특별히 경찰과의 관계에서 경찰이 흑인을 부당하게 대

---

40) 김영기, "주민만족도에 의한 공공서비스 성과측정," 경상대학교, 「새마을연구」, 제7권, 1989, pp.119-140.: 김인·허용훈, "지방정부의 공공서비스 성과향상 방안," 계명대학교, 「사회과학논총」, 제14집, 1995. pp.135-164.
41) P. Rossi and R. Berk, op. cit., pp.741-758.

우한다는 믿음이 강한 시에서는 시민 권한 수준이 매우 낮게 나
타났다. 세 번째는 개인적 효능감(personal efficacy)으로 주민의
평가를 측정하고 있는데, 이웃의 서비스, 이웃 가게에 대한 만족이
큰 흑인일수록 주택과 고용차별이 적다고 느끼고 있으며, 개인적
효능감의 수준도 더 높았다. 따라서 주택, 고용, 판매의 차별에 대
한 태도가 개인적 효능감의 수준과 상당히 상관관계가 높다고 볼
수 있다고 하였다. 그러나 백인주민들은 개인적 효능감 수준이 시
들 간에 차이가 없는 것으로 나타났다. 이들은 이러한 결과를 가
지고 주민들의 시 성과에 대한 평가는 시들 간에 분명히 차이가
있으며, 이러한 평가 결과는 미국 도시에 있어 삶의 질의 어떤 측
면을 구체화할 수 있다고 결론 내린다.

 Lovrich와 Tayor(1976)는[42] 경찰서비스에 대한 전반적인 만족
을 종속변수로 삼고, 인종 간에 만족의 차이가 있는지를 연구하였
다. Denver구와 시의 주민을 주로 백인이 거주하는 지역과 주변지
역에서 500명, 주로 흑인이 거주하는 지역에서 150명, Chicanos라
불리는 멕시칸계 백인 거주지역과 주변지역에서 150명의 총 800
명의 주민들이 표출되었다. 우선, 시의 서비스와 정부 성과에 대하
여 인종 간에 만족정도에 차이가 있는 것으로 나타났는데, 백인들
이 흑인이나 멕시칸계보다 긍정적이었다. 경찰서비스라는 특정 서
비스에 대해서는 경찰 순찰에 대한 평가와 경찰 호출 시 오는 데
걸리는 시간 여부를 물었다. 이에 대해서도 흑인이나 멕시칸계보
다 백인들이 긍정적이었다. 그러나 이러한 차이가 인종 때문이 아

---

42) Nicholas P. Lovrich, Jr. and Thomas G. Taylor, Jr. "Neighborhood
    Evaluation of Local Government Services: A Citizen Survey Approach,"
    Urban Affairs Quarterly, Vol. 12, No.2(December, 1976), pp.197-222.

니라 사회경제적인 영향이라는 다른 요인의 개입 때문이라는 이견이 있을 수 있으므로 가족평균수입이라는 변수를 첨가하여 다시 분석하였다. 그 결과 성과 평가의 차원으로 사용된 6가지 중에 5가지가 유의성이 없는 것으로 나타났다. 마지막으로 주변이웃의 상태와 정부서비스에 대한 인지 정도를 평가하였다. 이들은 주변이웃의 상태를 안전, 적절, 위험스러움, 나쁨이라는 4개의 상태로 범주화하고 서열화하였는데, 이러한 주변이웃의 상태와 서비스에 대한 평가는 아주 높은 강한 상관관계가 있는 것으로 나타났다(상관계수=.827). 특별히 경찰서비스에 대한 평가와 주변이웃 상태 사이는 상관성이 높았다(경찰순찰: r=.908, 시민에 대한 처우: r=.857, 경찰 대응성: r=.863). 따라서 주변이웃이 안전하다고 평가하는 개개 인종 지역공동체는 시 정부와 공공서비스에 더 만족했다. 또한 이러한 주민만족에 대한 주변이웃 조건의 영향은 사회경제적 요소인 평균가족수입과는 독립적이었다. 이러한 분석을 통해 주변이웃에 초점을 맞춘 시민조사와 시민참여프로그램을 강조했다. Mladenka와 Hill(1977)은[43] 주민들은 여러 서비스 중에서 여가(recreational needs) 서비스가 보다 중요하다고 응답하고 있는 반면, 실제 연구에서는 이러한 분야의 서비스는 오히려 많이 연구되지 않고 있다고 지적한다. 따라서 이들은 공원서비스와 도서관서비스를 연구 대상으로 삼고, 서비스 배분의 비형평성과 관료의 결정규칙이 공공서비스 배분에 미치는 영향을 연구했다. 그 결과, 사회경제적 지표는 공공서비스 배분에 대한 설명력 있는 변

---

43) Kenneth R. Mladenka and Kim Quaile Hill, "The Distribution of Benefits in an Urban Environment: Parks and Libraries in Houston," *Urban Affairs Quarterly*, Vol. 13, No.1(September, 1977), pp.73-94.

수로 나타나지 않았으며, 서비스에 배분되는 자원의 할당에 있어서는 비형평성이 심화되기보다는 분산되는 것으로 나타났다. 또한 서비스의 배분과정에서 정부의 정책 결정에 결정적인 역할을 하는 것은 도시정부의 관료들이고 선거직 공무원들은 거의 통제력이 없다고 하였다.

Rosentraub과 Thompson(1981)[44]은 서비스에 대한 주민만족을 연구하면서, 특별히 자유재량권위모형에 따른 서비스 배분이 만족에 핵심적인지를 알고자 하였다. 다시 말하면 주민에게 제공되는 서비스의 질은 그 서비스가 자유재량을 많이 발휘할 수 있느냐 없느냐의 여부에 따라 전달자에 의한 서비스 배분에 차이가 날 수 있기 때문에, 서비스의 유형이 얼마나 자유재량이 있느냐가 주민에 대한 평가에 영향을 미칠 것이라는 인식에서 출발한다. 이에 대해 재량권이 많은 서비스는 경찰서비스, 긴급(emergency)서비스, 동물통제서비스를, 재량권이 중간정도인 서비스는 공원서비스와 도서관서비스, 재량권이 적은 서비스는 쓰레기수거, 도로유지, 공공시설(utility), 버스, 소방서비스로 구분하였다. 각각의 서비스에 대해서는 정치적 효율성, 개인의 인종, 지역의 인종이 독립변수로 선정되었고, 욕구에 대한 측정지표로서 수입과 서비스의 사용여부도 고려되었다. 분석결과는 서비스의 전달재량에 대한 유형에 따라 재량권이 높은 서비스에 있어서 더 변이성이 존재하는 것으로 나타나 서비스의 평가는 이러한 전달 규칙에 초점을 맞추어야 함을 알 수 있다. 또한 재량권이 큰 서비스에 있어서는 흑인 응답

---

44) Mark S. Rosentraub and Lyke Thompson, "The Use of Surveys of Satisfaction for Evaluations," *Policy Studies Journal*, Vol. 9(1981), pp.990-999.

자가 더 부정적이었으며, 수입으로 측정된 욕구는 서비스 평가와 관련이 없었다. 그리고 도로상태에 대한 주민의 평가는 시 고용인의 평가와 상당히 일치됨으로써 반 주민인 응답자가 상당히 정확하게 공공서비스를 평가하고 있다고 해석하였다.

김인(1986)은[45] 경찰서비스와 쓰레기수거서비스를 연구 대상으로 삼고, 공공서비스 배분이 서비스의 투입, 활동, 산출, 결과, 만족이라는 과정에 미치는 영향과 각 단계별 형평성을 분석하였다. 주민만족의 측면에서 본 형평성수준은 높게 나타났으나, 만족수준은 상당히 낮은 것으로 나타났다. 특히 쓰레기서비스가 만족수준, 형평성수준 모두에서 경찰서비스에 비하여 낮은 것으로 나타났다.

DeHoog[46] 등은 도시서비스에 대한 주민만족을 세 가지 차원으로 분류하여 측정하였다. 첫째는 개인수준차원의 만족으로 개인의 성별, 인종, 수입, 연령, 주택소유여부, 지역정치의 효율성 평가, 일반적 정치 효율성 평가, 공동체에 대한 애착이 어떠한 영향을 미치는가를 살펴보았다. 둘째는 지역수준차원으로 관할구역의 지배적 인종, 지역의 평균수입, 공동체의 사회경제적 기반, 융합·분할이라는 관할 구역체제를 독립변수로 선정하였다. 셋째는 시와 주변이웃의 특정 차원으로 지역의 역사(local history), 리더십 형태 등을 각 공동체의 평균에 있어 차이로 측정하였다. 이들은 연구결과, 지방정부에 대한 효율성 평가와 지역공동체에 대한 애착, 그

---

45) 김인, 「공공서비스 배분의 결정요인과 형평성에 관한 연구」, 서울대학교, 박사학위논문, 1986.
46) Ruth Hoogland DeHoog and David Lowery and William E. Lyons, "Citizen Satisfaction with Local Governance: A Test of Individual, Jurisdictional, and City-Specific Explanations," *Journal of Politics*, Vol. 52, No.3(August, 1990), pp.807-837.

리고 지방정부에 의해 제공된 서비스의 실제 수준과 질이 지방정부에 대한 만족과 관계된다고 분석하였다.

김재홍·조경호(1995)는[47] 시민의 정부에 대한 거리감(또는 신뢰감)을 해당 지방행정서비스 제공기관에 대한 신뢰감 및 만족도를 통하여 간접적으로 측정하고자 하였다. 울산지역을 대상으로 서비스 제공기관은 시청, 구청, 동사무소, 파출소로 나누고, 신뢰감과 만족도에의 영향요인은 사회인구학적 개인속성변수와 행정관서 이용 경험여부로 설정하였다. 분석결과 공무원의 대민 서비스 태도 개선정도에 관한 변수들과 민원의 제기와 반영정도가 시민의 행정서비스 만족도에 중요한 영향을 미치는 것으로 나타났으며, 개인속성변수들은 파출소의 경우를 제외하고는 만족도에 영향을 미치지 않았다. 그리고 구청의 행정서비스에 대한 시민의 만족도는 지역 간에 차이가 나타났다.

김원규(1996)는[48] 도로교통운영서비스를 대상으로 시민의 의식과 만족도를 연구하였다. 시민의 의식은 효과성, 형평성, 적시성, 협력성의 지표로 측정하였는데, 효과성과 협력성에는 만족이, 형평성과 적시성에는 불만족이 강했다. 시민의 만족은 접근성, 쾌적성, 경제성, 안전성, 신속성으로 측정하였는데, 접근성에서만 유일하게 만족수준에 이르며, 그 외에 있어서는 만족수준이 매우 낮은 것으로 나타났다.

이 외에도 의료서비스를 대상으로 주민만족을 측정한 Russell의 연구[49], 지방의원들의 의정활동 만족도의 결정요인을 분석한 송창

---

47) 김재홍·조경호, 전게논문, pp.133-154.
48) 김원규, 전게논문, 1996.
49) Mary N. Russell, "Consumer Satisfaction: An Investigation of Contributing Factors," *Journal of Social Service Research*, Vol. 13,

석의 연구[50], 쓰레기서비스를 대상으로 시직영과 민간대행의 주민
만족도를 비교 분석하여 민간화를 평가한 박경효의 연구[51] 등이
있다.

제2절 주민만족의 개념과 주민만족 모형

1. 주민만족의 개념

만족에 관한 연구는 심리학에서 주로 이루어지고 있다. 여기에
서는 마케팅심리학과 조직심리학에서 다루어지는 만족이론을 검토
해 보고 본 연구에서 사용될 만족의 개념을 정의해 보기로 한다.

먼저 마케팅심리학에서는 기대와 기대불일치로 만족과 불만족
을 설명하는 이론을 지배적 정의(the dominant definition)로 보고
있다. 사회심리학과 조직행동에 뿌리를 둔, 기대와 기대불일치 이
론은[52] 성과에 대한 기대와 그러한 기대에 대한 불일치를 구분하

No.4(1990), pp.43-56.
50) 송창석, 「한국 지방의원의 의정활동 만족도에 관한 실증적 연구」, 한
양대학교, 박사학위논문, 1993.
51) 박경효, "공공서비스 생산의 민간화에 대한 평가," 「한국행정학보」,
제25권 제4호, (1992), pp.459-479.
52) Richard L. Oliver, "A Cognitive Model of the Antecedents and
Consequences of Satisfaction Decisions," *Journal of Marketing Research*,
Vol. 17(November, 1980), pp.460-469.; R. L. Oliver and Wayne S.
Desarbo, "Response Determinants in Satisfaction Judgements," Journal
of Consumer Research, Vol. 14(March, 1988), pp.495-507.; Gilbert A.

였다. 즉, 개인은 자신이 가진 기대와 실제로 받은 것(성과) 사이
의 비교를 통해 만약 기대한 것을 얻으면 만족하고, 기대한 것을
얻지 못하면 불만족하게 된다는 것이다.

만족과 불만족의 지배적 정의는 개인의 기대라는 심리적 측면
에 초점을 맞추고 있으며, 사부문에서 개발된 개념이기 때문에 공
공정책을 위한 가치 있는 접근방법에의 개발에 대한 필요성이 인
식되었다. 이러한 인식과 더불어 사회적 측면을 감안한 몇 가지의
대안적 정의들(alternative definitions)[53]이 개발되었다.

첫째는, 규범적 결핍(the normative deficit) 이론이다.[54] 이것은
문화적으로 승인될 수 있는 것과 승인되지 않는 것 사이의 실제
산출을 비교한다. 예를 들어 집에서 나이가 어느 정도 된 남매가
한 침대를 함께 쓰는 것은 문화적 규범을 위반하는 것이므로 문
화적으로 승인되지 않고 따라서 불만족을 나타낸다.

둘째는, 형평(equity) 이론이다.[55] 사회적 교환에 있어 얻는 것

Churchill, Jr. and Carol Surprenant, "An Investigation Into the
Determinants of Customer Satisfaction," *Journal of Marketing Research*,
Vol. 19(November, 1982), pp.491-504.

53) H. Keith Hunt, "Consumer Satisfaction, Dissatisfaction, and Complaining
Behavior," *Journal of Social Issues*, Vol. 47, No.1(1991), pp.107-117.

54) Earlw Morris, "A Normative Deficit Approcah to Consumer Satisfaction,"
in H. Keith Hunt(ed.), *Conceptualization and Measurement of Consumer
Satisfaction and Dissatisfaction*(Cambridge, MA: Marketing Science
Institute, 1976), pp.240-274.

55) J. E. Swan and A. A. Mercer, "Consumer Satisfaction as a Function
of Equity and Disconfirmation," in H. K. Hunt and R. L. Day(ed.),
*Conceptual and Empirical Contributions to Consumer Satisfaction and
Complaining Behavior*(Bloomington: Division of Research, College of
Business, Indiana Univ., 1981), pp.2-8.; R. L. Oliver and J. E. Swan,
"Consumer Perceptions of Interpersonal Equity and Satisfaction in

의 비교를 다룬다. 만약 사회적 교환에 있어 그 얻은 것이 불공평
하다면, 손해를 본 사람은 불만족을 나타낸다. 이것은 교환형평성
(exchange equity)이라고도 하며, 개인들의 상호 관계를 설명하는
개인 상호간의 이론(interpersonal theory)이기도 하다.

셋째, 규범적 기준(the normative standard) 이론이다.[56] 주민이
공공서비스로부터 얻어야만 한다고 생각하는 성과의 수준을 고려
하여 그들의 경험으로부터 기대를 개발한다. 그래서 실제 산출이
그들의 기준 기대와 다를 때 불만족이 발생한다.

넷째, 절차적 공정성(the procedural fairness) 이론이다.[57] 이
이론은 만족은 소비자가 공정하게 대우받았다는 인지의 기능이라
고 주장한다. 개인들은 다른 사람들이 자신에 비해 보다 나은 비
용과 서비스를 받는다고 느낄 때 만족감을 보다 덜 느끼며, 그렇
게 취급한 기관에 보다 덜 긍정적인 태도를 지니게 된다는 이론
이다. 따라서 그들이 공평하게 취급되어졌느냐에 대한 지각은 만
족판단에 영향을 준다.

다섯째, 귀인(attribution) 이론이다.[58] 개인들은 인과관계의 추

Transactions: A Field Survey Approach," *Journal of Marketing*, Vol.
53(April, 1989), pp.21-35.

56) E. R. Cadotte, R. B. Woodruff and R. L. Jenkins, "Norms and
Expectational Predictions: How Different Are The Measures?" in R. L.
Day and H. K. Hunt(ed.), International Fare in Consumer Satisfaction
and Complaining Behavior(Bloomington: Division of Research, College
of Business, Indiana Univ., 1982), pp.644-668.

57) C. Goodwin and I. Ross, "Salient Dimensions of Perceived Fairness in
Resolution of Service Complaints," *Journal of Consumer Satisfaction,
Dissatisfaction and Complaining Behavior*, Vol. 2(1989), pp.87-92.

58) Valerie S. Folkes, "Consumer Reactions to Product Failure: An
Attributional Approach," *Journal of Consumer Research*, Vol. 10(March,

론에 의하여 영향을 받는 합리적인 정보처리자이기 때문에 그에 따라 행위가 나타나고, 서비스의 만족과 불만족에 대한 원인을 추구하여 이것이 앞으로 무엇을 해야 할 것인지에 영향을 미친다고 한다.

다음으로 조직심리학에서는 인간의 행동을 조직의 요청에 부응시키려는 전략을 탐색하려는 측면에서 연구해 왔다. 따라서 조직에 들어오는 사람들은 무엇을 원하고 또 기대하며 그들에게 어떠한 유인을 부여하면 조직이 원하는 행동의 동기를 얻게 되는가 하는 문제에 논의가 집중되어 왔다. 즉 인간의 욕구, 만족, 기대, 동기부여의 전략 등이 중심적인 문제로써 다루어져 왔다.[59] 이러한 내용들은 '욕구·만족이론', '동기이론', '만족과 직무수행에 관한 이론', '기대이론' 등으로 불려져 오고 있다. 본 연구에서는 '기대이론'을 주장하는 학자들의 의견에서 만족의 개념을 살펴보기로 한다.

Vroom은 기대를 "사람이 어떤 행위를 할 경우, 어떤 결과를 초래할 것이라고 믿을 가능성 혹은 그렇게 생각하는 주관적 확률"이라고 정의한다.[60] 다시 말하면 조직에서 개인이 노력을 통해 업적(혹은 생산성)을 낼 경우, 이에 대한 보상으로서 어떤 결과(예로서, 승진)를 받을 수 있을 것이라는 주관적인 믿음이 기대라는

---

59) 오석홍, 「조직이론」, (서울: 박영사, 1983), pp.193-194.
60) Victor H. Vroom, *Work and Motivation*(New York: John Wiley & Sons, 1964), Ch. 2.; 윤재풍, 「조직학 원론」, (박영사, 1995), pp.242-246. 에서 재인용.

것이다. 그러나 이러한 업적에 대한 보상에의 기대는 매력적인 것(승진, 임금상승) 일수도 있고, 매력적이지 않은 것(피로, 지루함) 일수도 있는데, 그 보상이 매력적인 경우 개인은 만족한다.[61]

Porter와 Lawler는 Vroom의 기대이론을 조직관리의 전반적인 과정으로 확대하여 조직성원의 기대와 만족 및 동기를 설명하고 있다. 이들에 의하면, "개인은 업적 또는 직무의 성취에 의해서 내적 보상(성취감 등)과 외적 보상을 받게 된다. 그런데 그러한 보상은 자기가 받아야 된다고 생각하고 기대하는 정당한 수준 이상에 도달해야만 만족감 혹은 기대감을 충족시키게 되는 것이다"라고 기대와 만족을 정의하고 있다.[62]

본 연구에서는 공공서비스에 대한 주민의 만족을 "공공조직(도시정부나 지방자치단체)이 주민에게 제공하는 공공서비스의 결과가 주민의 요구와 필요에 부합하게 이루어질 것이라고 하는 주민의 주관적인 믿음을 기대라고 하고, 그 기대가 충족되는 주민의 심리적 반응상태"라고 정의하고자 한다. 이러한 만족과 기대에 대한 조작적 정의는 다음과 같은 공식으로 정리한다.

$$SS = f[\Sigma(ES-RS)]$$

- SS(service satisfaction): 서비스 만족 상태
- ES(expected service): 기대된 서비스 수준
- RS(real served service): 실제 제공된 서비스 수준

---

61) Stephen P. Robbins, Essentials of Organizational Behavior(Prentice-Hall, 1984).: 김남현 역, 「조직행동론」(서울: 경문사, 1985), pp.70-73.에서 재인용.
62) Lyman W. Porter and Edward E. Lawler Ⅲ, *Managerial Attitudes and Performance*(Homewood, Ⅲ.: Richard D. Irwin, 1968).: 윤재풍, 전게서, pp.246-247.에서 재인용.

즉, 공공서비스에 대한 주민의 만족이란 주민이 공공서비스에 대하여 기대하는 서비스의 수준에서 실제로 제공된 서비스의 수준을 뺀 것의 합계에 달려 있다. 이러한 정의에 따라 서비스 만족은 공공서비스에 대한 전반적인 만족감으로 측정하고, 서비스 기대는 공공서비스의 부문별 평가기준으로 측정한다. 부문별 평가기준이란 주민의 관점에서 공공서비스를 평가하는 기준을 말하며, 주민들이 공공서비스는 어떠해야 한다고 생각하는 주관적인 믿음을 함축하는 의미로도 볼 수 있다. 실제 서비스는 제공된 특정 공공서비스가 이 부문별 평가기준을 얼마나 달성했느냐의 정도로 측정한다.

2. 주민만족 모형

기존문헌들에 의하면, 공공서비스에 대한 주민만족은 세 가지 모형으로 추출될 수 있다.[63] 첫 번째는 "사회적 접근 모형"(social access model)이다.[64] 이 모형은 주민이 거주하고 있는 주변지역

---

63) Rodney E. Hero and Roger Durand, "Explaining Citizen Evaluations of Urban Services: A Comparison of some Alernative Models," *Urban Affairs Quarterly,* Vol. 20, No.3(March, 1985), pp.344-354.

64) O. Williams, *Metropolitan Political Analysis: A Social Access Approach* (New York: Free Press, 1971). 이 모형에서는 다음과 같은 공식이 제안된다.

$$x_2 = a + b_1 x_1 + e$$
$$x_3 = a + b_1 x_1 + b_2 x_2 + e$$

· x_1 =개인적 특성(예, 수입)
· x_2 =지역(혹은 주변이웃) 특성(예, 지역평균수입)

의 형태와 위치가 공공서비스를 포함하여 사회적 가치를 평가하는 데 서로 다른 접근을 허용한다는 것이다. 특별히 이 이론은 계급차별모형(the class bias model)의 연구와 연관되는데, 주변이웃의 특성이 하층계급인 지역의 주민들은 자신들의 이익을 유효하게 정책과정에 투입할 수 있는 수단이 열악하고 동시에 주변이웃 특성이 상층계급인 지역의 주민보다 공공서비스 배분에 있어 불이익을 받게 된다는 '하층계급가설'(the underclass hypothesis)과 맥을 같이 하고 있다.[65] 이 모형에서는 또한 개인적인 특성과 지역 특성 사이의 관계도 연구 대상이 되었다.

두 번째는 "개별적 접촉 모형"(personal contact model)이다.[66]

$\cdot\ x_3 =$ 특정 도시 서비스의 평가

$\cdot\ e =$ 오차

65) D. L. Cingranelli, "Race, Politics and Elites: Testing Alternative Models of Municipal Service Distribution," *American Journal of Political Science*, Vol. 25(1981), pp.664-692.; F. Bolotin and D. Cingranelli, "Equity and Urban Policy: The Underclass Hypothesis Revisited," *Journal of Politics*, Vol. 45, No.1(March, 1983), pp.209-219.; 이 하류계급가설은 Lineberry에 의해 주장되었는데, 그는 인종(race)과 더불어 그들의 사회적 지위(social status), 정치권력의 결핍(the paucity of political power)이 도시서비스의 배분에 있어 불이익을 가져온다고 하였다. Robert L. Lineberry, *Equality and Urban Policy: The Distribution of Municipal Public Services*(Beverly Hills, CA: Sage, 1977).

66) John Clayton Thomas, "Citizen-Initiated Contacts with Government Agencies: A Test of Three Theories," *American Journal of Political Science*, Vol. 26, No.3, (1982), pp.504-525. 이 모형에서는 다음과 같은 공식을 제안한다.

$$x_2 = a + b_1 x_1 + e$$
$$x_3 = a + b_2 x_2 + e$$

$\cdot\ x_1 =$ 연령 혹은 기대(예, 개인수입)

Lipsky가 '일선관료제'에서 주민과 직접 접촉하는 일선관료의 중요성을 지적[67]한 것에서 추출된 모형으로, 주민과 공공서비스의 직접적 전달자 사이의 개인적 상호작용의 중요성에 관심을 기울인다. 공무원과 자발적 시민 접촉(citizen-initiated contact)연구에서 상호작용의 원인과 상관관계를 밝히고 있다. Brown과 Coulter는 경찰관의 반응시간과 주민에 대한 대응태도가 경찰보호서비스에 대한 만족과 밀접하게 관계되는 것을 발견하였고, 개인의 수입이나 연령은 독립적임을 발견하였다. 그러나 Lipsky는 나이가 든 사람일수록 공공주택의 관리자로부터 더 좋은 대우를 받음을 발견하여 연령과 접촉이 상관관계가 있음을 주장하였다. 요컨대 이 모형의 연구에서는 공무원과 주민의 접촉에서 공무원들의 대응태도에서 주민들이 느끼는 친절감이나 기대와 같은 개인의 주관적인 심리상태를 조사하였다.

세 번째 모형은 "서비스 전달 모형"(service delivery model)이다.[68] 공공서비스가 주변이웃 지역에 어떻게 배분되는지를 연구한

- x_2 = 접촉의 질에 대한 만족(예, 대우·반응시간)
- x_3 = 서비스 평가
- e = 오차

67) Michael Lipsky, *Street -Level Bureaucarcy- Dilemmas of the Individual in Public Services-* (New York: Russell Sage Foundation, 1980).

68) Robert L. Lineberry, op. cit.; George E. Antunes and John P. Plumlee, "The Distribution of an Urban Public Service: Ethnicity, Socioeconomic Status, and Bureaucracy as Determinants of the Quality of Neighborhood Streets", *"Urban Affairs Quarterly"*, Vol. 12, No.3(March, 1977), pp.313-332. 이 모형에서 제안하는 공식은 다음과 같다.

$$x_2 = a + b_1 x_1 + e$$

다. 전형적으로 서비스 배분은 "관료적 결정 규칙" 또는 "누가 무엇을 얻느냐"는 가설에 의해 설명된다. Mladenka와 Hill은 공공서비스에 대한 배분의 결정과정에서 선거직 공무원보다는 정부 관료들이 더 큰 영향력을 발휘하고 있음을 조사하였다.[69] 또한 Brown과 Coulter는 객관적인 서비스 전달 상태와 주민만족이 서로 관계되지 않음을 주장하였다. 그러나 실제 서비스 배분 상태가 주민의 서비스 평가에 어느 정도 영향을 미칠 것이라는 생각이 지배적이고, 이러한 생각에 따라 객관적인 서비스 전달에 많은 연구가 행해지고 있다.

3. 주민만족 연구의 필요성

주민만족과 같은 공공서비스에 대한 평가가 필요한 이유는 Webb과 Hatry가 잘 지적하고 있는데, 첫째, 서비스 효과에 관한 직접적 환류가 가능하다. 둘째, 인지에 관한 자료가 아니라 실제적 자료를 얻을 수 있다. 셋째, 특정 서비스에 대한 선호와 비선호의 이유를 구명해 준다. 넷째, 새로운 서비스의 수요에 대해 미리 알려준다. 다섯째, 광범위한 주민 여론을 알려준다. 여섯째, 프로그램

$$x_3 = a + b_2 x_2 + e$$

- x_1 =관료적 결정 규칙(예, 도로보수 때 일상적 결정)
- x_2 =서비스의 지역 배분
  (예, 지역의 도로를 다시 포장하는 마일수)
- x_3 =서비스에 대한 주민만족
- e =오차

69) K. R. Mladenka and K. Q. Hill, op. cit., p.91.

이나 서비스에 대한 주민의 지각수준을 알려준다, 일곱째, 도시정부에 대한 주민의 참여수단을 확대시킨다[70]가 그것이다. 이러한 이유는 본 연구에서도 제기할 수 있는 필요성이지만 특히 특정 서비스에 대한 선호와 비선호의 이유를 알려준다는 것과 새로운 서비스의 수요를 미리 알려준다는 사실에 주목할 만하다. 주민이 특정 서비스를 좋아하고 싫어하는 이유를 분명히 알 수 있다는 것은 그 특정 서비스를 개선시킬 수 있는 여지를 주며, 나아가 다른 서비스도 주민이 좋아할 수 있도록 제공될 수 있다는 점에서 공공서비스의 성과를 향상시킬 수 있다. 또한, 새로운 서비스의 수요를 미리 알려준다는 사실은 정책의 목표설정과 실행에서 시행착오를 줄일 수 있고 행정의 대응성을 향상시킬 수 있기 때문이다.

---

70) Kenneth Webb and Harry P. Hatry, *Obtaining Citizen Feedback: The Application of Citizen Surveys to Local Governments*(Washington D.C.: The Urban Institute, 1973), pp.15-28.

제3장 분석틀 및 가설 설정

제1절 공공서비스에 대한 주민만족의 결정요인과 분석의 틀

본 연구에서는 공공서비스에 대한 전반적인 주민만족을 종속변수로 하고, 이제까지 언급한 이론적 배경에서 공공서비스에 대한 주민만족에 영향을 주는 요인들을 도출하여 독립변수로 설정한다.

먼저 공공서비스에 대한 주민만족은 주민들의 관점에서 직접 공공서비스의 특정부문들을 평가해야 한다. 기존의 많은 연구들이 평가기준을 제시하고 있음을 이미 살펴보았는데, 본 연구에서는 영국의 국가소비자위원회(NCC: National Consumer Council)의 주민평가기준 중에서 개념규정이 애매하다고 생각되는 서비스 질을 주민이 알기 쉬운 신뢰성과 신속성으로 구체화하고, 공공서비스지향 접근방법이 강조하는 책임성과 공무원의 친절성을 첨가하여 총 12가지를 평가기준으로 선정하여 이러한 여러 요인들 중에서 주민만족에 가장 영향을 미치는 요인은 어떤 것인가를 조사하고자 한다. 구체적인 내용은 다음 절에서 설명하기로 한다.

다음으로 주민만족 모형에서 공공서비스에 대한 주민만족의 결정요인을 주민 개인의 객관적 특성, 주민이 거주하고 있는 지역(주변이웃)의 특성, 객관적 서비스의 전달 상태, 주민 개개인의 주관적 상태라는 4가지 요인을 도출하였다.[1]

---

1) 공공서비스에 대한 주민만족의 결정요인은 주민만족 모형에 의거하

선정된 독립변수들은 그 성격상 크게 외생변수(exogeneous variables)와 내생변수(endogeneous variables)로 구분된다.[2] 외생변수란 공공서비스에 대한 주민만족과 관련된다고 선정된 요인들 중에서 원인이 되는 요인으로, 다른 요인들에 의해 영향을 받지 않을 것으로 가정되는 변수이다. 그러므로 주민 개인의 객관적 특성과 지역 특성 변수가 속하며, 정책결정자의 의견이나 활동이 개입될 수 없는 비정책변수이다.

이에 대해, 내생변수란 선정된 외생변수에 의해 영향을 받을 수 있는 변수이며, 행정관료나 정책결정가의 활동에 어느 정도 영향을 받을 수 있는 변수를 의미한다. 이 내생변수는 그러므로 본 연

여 선정한 것이다. "사회적 접근 모형"은 <u>개인적 특성과 지역의 특성</u>이 주민만족에 영향을 주는 요인으로 보고 있다. "개별적 접촉 모형"은 주민의 기대나 접촉을 통한 태도 등과 같은 <u>주관적인 상태</u>가 만족에 영향을 주는 요인으로, 또한 "서비스 전달 모형"에서는 <u>관료적 결정 규칙과 서비스의 객관적인 전달 상태</u>가 주민만족의 영향요인으로 연구되고 있다. 본 연구에서는 이 중에서 관료의 의사결정 규칙은 측정이 어려울 뿐만 아니라, 주민의 관점에서 공공서비스에 대한 만족을 평가한다는 의미에서 관료적 결정 규칙을 제외하고 나머지를 주민만족의 결정요인으로 설정하였다. 제2장의 주 64), 66), 68)의 주민만족 모형 공식 참조.

2) 변수를 외생변수와 내생변수 혹은 정책변수와 비정책변수로 구분하는 것은 외부의 영향을 받을 수 있는 내생변수 혹은 정책변수가 만족에 결정적으로 영향을 주는 요인으로 확인되면, 이러한 요인들에 대한 외부환경의 조작-여기서는 공공서비스 정책이나 프로그램의 변경-을 통해 새로운 결과를 이끌어내도록 할 수 있기 때문이다. 외생변수와 내생변수로 구분을 명명한 연구에는 박용치와 김인의 연구가 있다. 박용치, 「혁신의 확산과정」, 서울대학교 행정대학원, 박사학위논문, 1983.; 김인, 전게논문, 1986. 또한 다음의 저서 등에도 언급된다. 채서일, 「사회과학 조사방법론」, (학현사, 1994), pp.119-129.; 남궁 근, 「행정조사방법론」, (법문사, 1994), pp.194-214.

구에서는 객관적 서비스 전달 상태와 주민 개개인의 주관적 특성, 그리고 부문별 평가요인이 내생변수로 구분된다. 또한 내생변수는 객관적 서비스 전달 상태와 주민 개개인의 주관적 특성을 부문별 평가요인과 Ⅰ, Ⅱ로 구분하였다. 이것은 각각의 하위변수에 따라서 그 인과관계가 다를 수 있다는 것을 의미한다. 이렇게 선정된 변수들을 정리하면 다음 〈표 3-1〉과 같다.

〈표 3-1〉 공공서비스에 대한 주민만족: 독립변수와 종속변수

구 분	공공서비스에 대한 주민만족의 영향요인
외생변수	· 개인의 객관적 특성
	· 지역 특성
내생변수 Ⅰ	· 개인의 주관적 특성
	· 객관적 서비스 전달 상태
내생변수 Ⅱ	· 부문별 평가요인
종속변수	· 공공서비스에 대한 전반적인 주민만족

또한 종속변수인 공공서비스에 대한 주민만족의 결정요인과 개개 독립변수들의 영향력 정도를 측정하고 연구 문제를 검증하기 위하여 다음과 같은 분석틀을 설정하였다.

〈분석틀〉

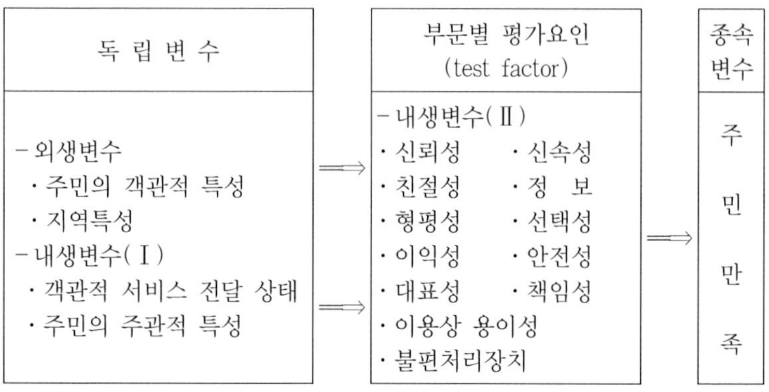

제2절 가설의 설정 및 측정지표

1. 부문별 평가와 관련된 가설

만족을 측정하기 위해서는 공공서비스의 일반적인 만족정도를
묻는 것보다는 자세한 주관적 지표들을 사용하는 것이 공공서비
스의 평가를 위해 더 큰 잠재성을 제공할 것이라는 주장과3) 삶의
특정한 영역에 대한 주민만족은 그 영역의 다른 부분의 평가에
의해 결정된다는 연구 결과가4) 있다. 주민이 공공서비스에 만족
하는지를 알기 위해서 공공서비스의 특정 영역들을 평가해 보는
것을 주민만족에 대한 부문별 평가라고 한다. 여기서 부문별은 공

---

3) B. Stipak(1979), op. cit., p.51.
4) K. Brown and P. B. Coulter, op. cit., pp.50-58.

공서비스가 지녀야 하는 여러 가지의 특성 중에서 특별히 공공서
비스에 대한 전반적인 주민만족에 영향을 준다고 생각되는 측면
들을 의미한다.

그러나 이러한 부문별 평가요인들은 주민만족에 미치는 영향의
정도가 각각 다를 것이다. 다시 말하면, 주민은 서비스의 어떤 부문
의 평가에 만족하면 전반적으로 공공서비스에 더 만족을 나타낼 것
이고, 이에 반해 어떤 부문의 평가가 불만족하다고 생각되어도 전체
적인 공공서비스 만족에 별다른 영향을 미치지 않을 수도 있을 것
이다. 따라서 본 연구에서는 이 부문별 평가요인이 공공서비스에 대
한 만족의 검정요인(檢定要因: test factor)이 된다. 본 연구의 목적
중 하나는 이들 부문별 평가요인 중에서 총체적인 주민만족에 가장
영향을 미치는 요인은 어떤 것인가를 찾아내고자 하는 데 있다.

부문별 평가요인이 다르다는 의미는 쓰레기서비스와 같은 주민
에게 보편적인 서비스는 쓰레기가 빠르게 수거되는 신속성, 이용
상 용이성 같은 측면과 이익성이 만족에 크게 영향을 미칠 것으
로 생각되지만, 경찰서비스와 같은 보호적 서비스는 범인 검거율
이 어느 정도인가 하는 신뢰성, 범죄피해를 당한 주민들을 형평성
있게 대해주느냐 등이 만족에 결정적인 요인으로 작용할 것으로
생각된다. 또한, 교육서비스의 경우는 주민의 의견이 반영되는 대
표성, 교육담당자의 책임성 등이 중요하게 작용할 것으로 생각된
다는 것이다. 따라서 다음과 같은 가설이 도출될 수 있다.

가설 1. 공공서비스에 대한 부문별 평가는 공공서비스에 대한 주민만족에
영향을 미치며 그 영향의 정도는 서비스의 유형에 따라 다를 것
이다.

부문별 평가를 위해서는 '소비자주의'와 '공공서비스지향 접근방법'이 제시하는 공공서비스에 대한 주민 평가기준에서 12가지를 도출하였다. NCC는 공공서비스의 평가를 위한 주민(소비자) 기준(consumer criteria for service evaluation)을 크게 10가지로 나누고, 다시 세부적으로 17가지로 구분하였는데, 다음 〈표 3-2〉와 같다. 이 중에서 서비스의 질은 여러 가지로 해석될 수 있기 때문에 세부항목으로 평가하기로 하는데, 포괄성은 용어가 모호하여 주민이 이해하기 어렵다고 판단하여 신뢰성과 신속성을 기준으로 하였다. 접근성은 소비자 사이의 형평성이, 부작용 역시 안전성이 주민이 이해하기 쉬운 용어라고 생각되어 연구의 편의상 세부항목을 사용하였다. 여기에다 책임성과 공무원의 친절성을 첨가하였다. 책임성은 "공공서비스지향 접근방법"이 특히 강조하는 내용이고, 공무원의 친절성은 주민만족 모형에서 강조되는 내용이다. 그러나 능률성은 주민이 공공서비스의 능률성을 직접 평가하기 어려울 뿐 아니라, 정부의 비용·편익평가라는 다른 변수와도 중복되기 때문에 제외하였다.

<표 3-2> NCC의 주민평가기준

서비스의 질	포괄성/신뢰성/신속성
이익성	사용자에게/공동체에게
선택성	소비자 선택의 제공
접근성	이용성/소비자 사이의 형평성
정 보	정보제공
이용상 용이성	편리함과 편의성/공무원과 접촉
대표성	사용자나 대중의 견해 반영
경제성과 능률성	납세자 입장/사용자 입장
구 제	불평추구를 위한 통로
부작용	환경적 영향/안전성

이것은 구체적으로 다음과 같은 내용을 의미한다.

① 신뢰성: 서비스가 얼마나 믿을 수 있게 제공되는가의 평가

② 신속성: 얼마나 빠르게 서비스를 제공하느냐의 평가

③ 서비스 이용상 용이성: 이용하기에 안락하고 편리한가의 평가

④ 주민 사이의 형평성: 서비스를 이용하는 주민들이 공평하고 올바르게 대우되는가의 평가

⑤ 친절성: 공공서비스를 제공하는 사람들이 주민을 친절하게 대하는가의 평가

⑥ 서비스에 대한 정보: 서비스 이용자들에게 다양한 정보가 제공되고, 그러한 정보 제공의 통로가 있는가의 평가

⑦ 선택성: 다양한 방법으로 서비스가 제공되고 있으며, 자유스럽게 선택할 수 있는가의 평가

⑧ 이익성: 공공서비스를 이용하는 것이 자신이나 지역사회 전체에 이익이 되는가의 평가

⑨ 안전성5): 환경적인 영향이나 안전도 면에서 바람직한가의 평가

⑩ 대표성: 주민들이 어느 정도 서비스 공급결정에 참여할 수 있으며, 주민들의 의사는 어느 정도 반영되는가의 평가

⑪ 불편처리장치: 불평을 제기하고 처리하는 장치가 있는가의 평가

⑫ 책임성: 서비스를 제공하는 사람들이 책임의식이 있는가의 평가

---

5) 쓰레기서비스에 있어서는 안전성을 환경적인 안전성으로 평가하여 위생성의 개념을 사용하기로 한다.

부문별 평가를 위해서는 특정 공공서비스에 대한 주민의 주관적 인지를 측정지표로 삼는다. Fowler는 "지방세를 고려하여서 주민들이 대개 서비스 양에서 그 부담액만큼 혜택을 본다고 생각하십니까?"라는 질문을 통해 서비스 양에 비하여 조세를 비롯한 비용부담액(the money's worth)의 인지를 능률성의 평가지표로 사용한 예가 있다.[6] 주민의 주관적 인지는 주민만족의 정도를 알아보는 데 가장 기본이 되며, 본 연구에서와 같이 서비스 유형이 다른 경우 서비스별 측정지표의 비중이 문제가 될 수 있는 것을 방지할 수 있다.

---

6) Floyd J. Fowler, Jr., *Citizen Attitudes Toward Local Government, Services, and Taxes*(Cambridge, MA : Ballinger Publishing Co., 1974), pp.57-83.

〈표 3-3〉 부문별 평가요인 측정지표

(a) 쓰레기(쓰레기수거)서비스에 대한 부문별 평가요인 측정지표

부문별 평가요인	측 정 지 표
신뢰성	쓰레기는 정해진 날짜와 시간에 수거되고 있다고 믿는다
신속성	쓰레기수거는 신속하게 이루어진다
이용상 용이성	쓰레기는 주민들이 버리기 쉽도록 배출시의 편리성이 고려된다
소비자 사이의 형평성	쓰레기는 가난한 지역이나 부유한 지역 구별 없이 고르게 수거된다
친절성	쓰레기수거인들은 친절하다
서비스에의 정보	어떤 쓰레기를 어떻게 버리는지에 대한 내용을 충분히 알고 있다
선택성	쓰레기수거는 다양하게 이루어지므로 주민이 선택가능하다
이익성	우리 시의 쓰레기 정책은 주민들에게 이익이 되도록 실시된다
위생성	쓰레기수거는 위생적으로 이루어진다
대표성	쓰레기수거에 있어 주민의 의견이 반영된다
불편처리장치	쓰레기수거에 대한 불만사항의 건의방법을 알고 있다
책임성	쓰레기수거인들은 자신들의 임무를 성실히 수행한다

(b) 경찰서비스에 대한 부문별 평가요인 측정지표

부문별 평가요인	측 정 지 표
신뢰성	범인 검거율이 높다고 생각한다
신속성	신고 후 도착시간이 빠르다
이용상 용이성	집에서 경찰서까지 거리가 가깝다
소비자 사이의 형평성	범죄에의 피해유형이 같으면 처리시간도 같다
친절성	경찰업무를 처리하는 사람들은 친절하다
서비스에의 정보	경찰호출방법에 대한 정보가 충분하다
선택성	다양한 경찰서비스가 제공되고 있어 선택이 가능하다
이익성	범죄피해 후 신고하는 것이 도움이 된다
안전성	개인 방범장치가 있다
대표성	경찰서비스에 대한 건의가 받아들여진다(가로등 설치, 순찰강화 등)
불편처리장치	경찰서비스에 불만이 있을 때 건의방법을 알고 있다
책임성	경찰관들은 자신들의 업무를 성실히 수행한다

(c) 교육(초·중·고 교육)서비스에 대한 부문별 평가요인 측정지표

부문별 평가요인	측정지표
신뢰성	초·중·고 교육은 믿을만하다
신속성	학교에서 현대사회에 필요한 최신교육을 실시하고 있다
이용상 용이성	집에서 학교까지 걸리는 평균시간이 짧다
소비자 사이의 형평성	학교에서 하생들은 차별받지 않고 동등하게 대우받는다
친절성	·선생님들은 친절하다 ·학교직원들은 친절하다
서비스에의 정보	교육정책이 바뀌면 충분한 정보가 제공된다
선택성	다양한 교육서비스가 제공되고 있어 선택이 가능하다
이익성	공교육서비스를 받는 것이 사교육보다 이익이다
안전성	학교는 안전하다
대표성	교육정책의 변경 시 주민의 의견이 반영된다
불편처리장치	교육서비스에 불만 시 건의방법을 알고 있다
책임성	교육서비스 제공자들은 그 임무를 성실히 수행한다

2. 주민 개인의 객관적 특성과 관련된 가설

주민 개인의 객관적 특성이란 주민 개개인이 자신의 의도와 상관없이 출생으로부터 지니게 되는 인종, 성별, 연령 등의 인구학적인 특성과, 환경적 요인 중에서 개인적으로 갖는 특성 즉, 교육, 소득수준, 종교, 직업, 주택형태, 가족재산정도 등으로 정의한다.

기존의 연구에서는 주민 개인의 객관적 특성 중에서 성별, 연령, 소득수준은 공공서비스에 대한 일반적인 만족에 유의미하다는 관찰에서 대체로 일치한다.[7] 연구 결과들은 여성이 남성보다 공공서비스에 만족하며 상대적으로 남성들은 공공서비스에 더 비판적이며, 연령이 많은 사람이 젊은 사람보다 공공서비스에 만족하며, 소득수준이 높은 사람이 공공서비스에 기대가 높지 않아 더 만족하는 것으로 주장하고 있다. 전통적으로 남존여비의 사상이 강하게 남아 있고, 여성의 사회적인 지위나 역할이 미약한 한국의 상황에서도 여성이 남성보다 공공서비스에 대해 만족하고 있는지 연구가 필요하다. 주민만족 모형에서도 언급한 것처럼 나이가 많은 사람들은 공공서비스의 관리자들로부터 더 좋은 대우를 받기 때문에 더 만족한다는 연구 결과는 나이든 사람들을 대접하는 한국의 분위기와도 연관성이 있으나, 나이가 많은 사람들은 젊은 사람들보다 행정이나 관청에서 나타나는 권위의식에 더 익숙해져 있고, 복잡한 절차와 제도들에 거부감을 느껴서 앞에서 말한 공공서비스의 접근성이 문제가 될 수 있다. 따라서 한국적 상황에 있어서 연령에 대한 경험적인 연구가 필요하다. 소득수준에 따라 주민의 만족에 차이가 있다는 연구 결과는 대체로 일치한다고 하였는데, 이들 연구 결과처럼 소득수준이 낮은 주민들이 공공서비스에 대해 더 기대하고 만족의 정도가 더 낮다면 정부는 저소득층의 기대를 충족시켜주기 위한 정책의 개발이 시급하게 필요하다. 이것은 주민의 상대적 빈곤감이나

---

7) 다음과 같은 몇몇 예외적인 연구들은 그 유의미성을 인정하지 않고 있다. Jeffrey L. Brudney and Robert E. England, "Analyzing Citizen Evaluations of Municipal Services: A Dimensional Approach," *Urban Affairs Quarterly*, Vol. 17(1982), pp.359-369.; Michael R. Fitzgerald and Robert F. Durant, op. cit., pp.585-594.

빈부차를 줄임으로써 주민화합에도 일조하게 될 것이다.

교육정도에 따른 만족의 차이에는 상관관계가 있다는 연구와 없다는 연구가 공존한다. 일반적으로는 교육정도가 많은 사람들이 적게 교육받은 사람들보다 비판적이고 분석적이어서 공공서비스에 대한 만족도가 낮은 것으로 인식되고 있다. 한국의 경우는 교육열이 상당히 높은 것으로 인식되고 있기 때문에 교육정도가 공공서비스 만족정도에 영향을 미치는 변수인지 그리고 어느 정도 영향을 미치고 있는지를 알아보는 것도 의미가 있다고 본다.

직업 역시 개인의 만족에 영향을 미치는 요인으로 연구되고 있는데, 직업이 있는 주민은 공공서비스에 대한 의존도가 높지 않기 때문에 만족의 정도가 직업이 없는 주민보다 높은 것으로 설명되고 있다. 실업률과 취업난이 커다란 사회문제로 떠오르는 시기에 직업이 공공서비스에 대한 주민만족에 영향을 미치는 요인으로 나타난다면 정부는 주민만족을 증진시키기 위해서 재원이나 인력을 공공서비스에 직접적으로 투입하는 것 외에도 주민들의 취업을 위한 정책에 관심을 기울여야 하는 것이다. 또한 직업의 종류별로 만족에 차이가 있는지도 함께 조사해 본다.

그러나 미국에서 가장 많이 사용되고 열띤 논쟁을 불러일으키는 인종에 따른 만족정도의 차이는 단일민족인 한국의 경우 연구의 필요성이 없는 요인이다. 종교 역시 한국에서 크게 구별할 필요성이 있는 요인은 아니고, 주택형태나 가족재산정도는 다음에 논의하는 주변이웃의 특성과 간접적으로 연관된다.

따라서 주민 개인의 객관적 특성으로는 성별, 연령, 교육정도, 소득수준, 직업에 따른 주민 각각의 공공서비스에 대한 만족정도를 검토한다.

가설 2. 주민 개인의 객관적 특성은 공공서비스의 만족에 영향을 줄 것인데,
  2-1. 여성일수록 공공서비스에 더 만족할 것이다.
  2-2. 연령이 많은 사람들일수록 공공서비스에 더 만족할 것이다.
  2-3. 교육정도가 낮은 사람들일수록 공공서비스에 더 만족할 것이다.
  2-4. 소득수준이 높은 사람들일수록 공공서비스에 더 만족할 것이다.
  2-5. 직업을 가진 사람들일수록 공공서비스에 더 만족할 것이다.

3. 지역 특성과 관련된 가설

여기서 말하는 지역 특성이란 주민이 거주하고 있는 행정적, 계획적 지역공동체가 나타내는 특성을 의미하는 것으로 정의한다. 즉, 행정을 위해서 또는 지배를 위해서 계획적으로 구역을 정한 집단으로서 같은 구역 내에 살고 있다는 의식은 어느 정도 있으나 지역공동체로서의 자연적 콘센서스는 존재하지 않는 지역 내의 집단[8]이 나타내는 특성인데, 지역공동체 특성 혹은 공간적 특성이라 해도 무방할 것이다.

공공서비스는 사부문의 서비스와는 다르게 특정 지역을 대상으로 행정기관에 의해 집단적으로 제공되는 특징을 가진다. 이러한 이유 때문에 주민이 거주하고 있는 특정 지역의 지역 특성이 공공서비스 배분과 전달에 있어 내용과 절차에 차이가 있게 마련이다. 한국은 영토 면에서 작은 국가임에도 불구하고 지역 간에 뚜렷한 지역적 성향을 나타내고 있으며, 지역 간 공공서비스 격차도 큰 것으로 인식되고 있다. 그러므로 지역 특성이 공공서비스에 대

---

8) 磯村英一, 「コミュニテイと地方自治」(東京: きょうせい, 1978), pp.27-33.

한 주민만족에 실제로 영향을 미치는 요인인지 확인해 보는 것도 의미 있는 일이라고 생각한다.

지역 특성에 대한 연구가 필요한 것은 공공서비스에 대한 주민 만족이 정부가 제공하는 서비스의 내용과 개인의 특성 외에 지역의 특성에 영향을 받을 수 있다는 연구들 때문이다. 만약 객관적이고 주관적인 지표 외에 지역의 특성 중에 어떤 것이 영향을 미친다면 이에 대한 연구가 필요할 것이다. Stipak은 정책결정가들이 각기 다른 지역에서 서비스 수준을 비교하여 만족이 낮은 것으로 보고된 지역이 열악한 질적 서비스를 받는다고 결론내리고, 심지어 그에 따라 비용을 재할당할지도 모르지만 이것은 무효하고 잠재적으로 오류라고 주장한다.[9] 왜냐하면 지역의 공공서비스에 대한 평가는 정부 서비스의 질 외에도 다른 주변 이웃특성들에 의해 변하기 때문이라는 것이다. 예를 들어 한 지역에 살고 있는 주민들의 유형은 서비스 성과에 특별히 높은 기대를 가지는 경향이 있고, 그러므로 다른 지역 주민들보다 주어진 실제 성과의 수준에 낮은 만족을 표현하는 경향이 있다는 것이다. 이것이 정부가 제공하는 서비스 질에 기인하는 차이점으로 해석되어질 수는 없다고 한다. 이러한 문제를 해결하기 위해 관찰된 서비스 지역에 대응하는 일련의 dummy 변수들과 개인특성 변수들에 관한 반응만족을 회귀하는 개인수준 다중회귀방정식 평가를 주장하고 있다. 또한 지역의 특성을 분석해 내기 위해서, 분석의 차원을 개인적 수준(individual-level), 관할구역 수준(jurisdictional-level), 시와 주변이웃 특정 수준(city and neighbourhood specific-level)으로 분류하여 각각의 수준에서 얻은 만족의 총합을 특정지역의 총체적

---

9) Brian Stipak, op. cit., (1979), p.46.

만족으로 제시한 연구도 있다.[10]

공공서비스 평가와 지역의 상태 사이에 강한 관계가 있다는 연구는 Lovrich와 Taylor에 의해서도 주장된다.[11] 도시정부가 주민에게 서비스를 제공하는 데 있어서 관료의 역할과 관리기술, 투입요소를 강조하는 기술주의자들(technocrats)의 주장에 대해, 주민의 욕구에 대한 대응성과 주민의 의견에 행정적 관심을 증가시키려는 지역공동체 통제 옹호자들(community control advocators)이 있는데, 이들은 이 두 가지 관점을 통합하고 있다. 이들의 연구에서 특히 관심을 끄는 것은, 지역에 있어 공공서비스에 대한 주민만족과 주변이웃 특성이 상당히 독립적이라는 것이다. 그렇지만 지역에 상관없이 공공서비스에 대한 평가는 지역주민 간에 차이가 없는 것으로 나타났다. 다시 말하면, 평균연간가족소득과 같은 지역의 특성이 주민만족에 영향을 미치지는 않았지만, 그 지역에 부여된 공공서비스가 훌륭했나 미흡했나에 대한 평가는 지역주민 사이에 일치하고 있다는 것이다. 공공서비스가 좋게 유지되고 있다고 응답한 지역의 주민들은 저소득층이든 고소득층이든 평가 점수가 높게 나타났고, 공공서비스가 나빠졌다고 응답한 지역의 주민들 역시 소득층에 상관없이 낮은 평가 점수를 나타냈다.

앞에서도 언급했듯이 지역 간의 격차가 심각한 정치 사회적 문제로 제기되고 있는 한국의 상황에서 공공서비스에 대한 주민만족의 차이가 서비스의 질적 차이가 아닌 특정 지역이라는 지역의

---

10) Ruth Hoogland DeHoog, David Lowery, William E. Lyons, op. cit., pp.807-837.
11) Nicholas P. Lovrich, Jr., and Thomas G. Taylor, Jr., op. cit., pp.197-222.

특성이 작용하고 있다면 그 요인은 무엇인지에 대한 연구가 필요
할 것이다.

> 가설 3. 주민이 거주하는 지역의 특성은 공공서비스에 대한 만족에 영향
>   을 줄 것인데,
>   3-1. 경제적 지위가 높은 지역의 주민들일수록 공공서비스에 더 만족
>   할 것이다.
>   3-2. 인구의 규모가 큰 지역의 주민들일수록 공공서비스에 더 만족할
>   것이다.
>   3-3. 신설된 시보다 오래된 시의 지역에 거주하는 주민들일수록 공공
>   서비스에 더 만족할 것이다.

본 연구에서는 지역의 특성으로 세 가지를 검토하는데, 첫째는
지역의 경제적 지위이다. 지역의 부(community wealth)가 공공서
비스의 평가에 있어 차이를 나타내는 주요한 요소가 된다는 발견
이 있다.[12] DeHoog 등은 시의 인구가 평균적으로 부유한지 가난
한지가 주어진 시민의 개인적 부보다 만족을 결정하는 데 더 중
요하다고 주장하였다.[13] 지역 간에 경제적 지위의 격차가 극심한
한국에서는 어떠한 차이를 나타내는지에 본 연구의 관심이 있다.
지역의 경제적 지위는 지역주민의 1인당 지방세부담액을 그 시가
속하는 전체 도별 평균 1인당 지방세부담액과 비교하여 상, 하로
구분하여 이런 특성이 공공서비스에 대한 주민평가와 만족에 차

---

12) Thomas I. Miller and Michelle A. Miller, "Standards of Excellence:
    U. S. Residents' Evaluations of Local Government Services," *Public
    Administration Review*, Vol. 51, No.6(November/December, 1991),
    pp.503-514.
13) R. H. DeHoog and D. Lowery and W. E. Lyons, op. cit., p.810.

이를 주는지 검토한다.

두 번째는 지역의 규모 즉, 인구의 많고 적음이 주민의 만족에 어떤 영향을 미치는가를 살펴본다. 인구의 많고 적음 다시 말하면 주민수에 있어서는 두 가지 다른 방향의 논의가 있다. 주민수가 많은 지역보다 작은 지역이 지역공동체의 성격을 띠고 있어 주민의 의견을 수렴하기가 쉽고, 행정의 대응에 민감하게 반응하기 때문에 상대적으로 공공서비스에 대한 만족의 정도가 높다라는 것이 한 측면이고, 다른 하나는 주민수가 많은 지역이 규모의 경제와 능률성 때문에 주민이 더 만족할 것이다[14]라는 인식이다. 한국에서는 많은 시와 시의 주민들이 기초자치단체보다는 광역자치단체가 더 많은 재원과 인력을 배분받을 수 있기 때문에 공공서비스의 질이 더 우수하다는 인식이 지배적이어서, 광역자치단체가 되기를 원하고 있는 실정인데, 주민의 만족에 있어서는 어떠한 차이를 보이는지를 검토한다. 이의 연구를 위해 인구수를 기준으로 한 도시규모별 순위에서 상위에 속하는 두 지역과 하위에 속하는 두 지역을 선정하여 비교한다.

세 번째는 오래된 시와 신설된 시의 주민들 사이에 만족에 어

---

14) Zimmerman이 주장한 "큰 정부가 작은 정부보다 반드시 세금이 더 형평적이거나 더 경제적이고 서비스의 수준이 높거나, 요금이 싸다는 것을 의미하지는 않는다."는 말은 이러한 일반적인 인식에의 경험적인 검토가 필요함을 시사하고 있다. J. F. Zimmerman, op. cit., p.15.; Jones 등도 역시 큰 도시에 있어 서비스 전달체제가 작은 마을에서와 동일하지 않다고 함으로써 그 차이를 인정하고 있다. Brian D. Jones and Saadia R. Greenberg and Clifford Kaufman and Joseph Drew, "Service Delivery Rules and the Distribution of Local Government Services: Three Detroit Bureaucracies," *The Journal of Politics*, Vol. 40(1978), p.337.

떤 차이가 있는지를 살펴본다. 오래된 시에서는 공공서비스의 경험이 축적되어 있고, 주민이나 행정관료 사이에 관습적인 공공서비스 절차와 규칙이 확립되어 있을 것이므로 주민들이 이용에 더 편리함이나 친숙함을 느낄 수 있을 것이다. 그러므로 신설된 시의 주민만족과는 차이가 있을 것이다. 본 연구에서는 오래된 시로서는 시설치년월일이 1997년을 기준으로 30년 이상 된 지역 두 곳과 신설된 시로서는 시설치년월일이 5년 미만인 지역 각각 두 곳을 표본지역으로 선정하였다.

4. 객관적 서비스 전달 상태와 관련된 가설

객관적 서비스의 전달 상태란 특정 지역의 공공서비스를 위해서 사용된 인력이나 예산, 장비, 시설의 정도와 같은 객관적으로 측정이 가능한 공공서비스의 투입 정도를 의미한다.

객관적인 서비스의 전달 상태가 주관적인 주민만족에 영향을 미치는지 혹은 영향을 미친다면 어느 정도의 영향을 미치는지에 대한 연구가 공공서비스에 대한 주민평가의 기존 연구들에서 가장 논쟁적인 부분이라고 하겠다. 미국에서 실시된 기존의 연구들은 객관적 서비스 전달 상태에 대해 아주 상반된 연구 결과를 보이고 있다. 주민만족은 서비스의 수준과 질에 있어 실제적 차이와 연관될 것이라는 가설을 확증한 연구[15]가 있는 반면, 객관적 서비스 전달 상태가 주민만족을 전혀 설명해 주지 못한다는 연구[16],

---

15) R. H. DeHoog and D. Lowery and W. E. Lyons, op. cit., pp.807-837.
16) K. Brown and P. B. Coulter, op. cit., pp.50-58.

혹은 설명력이 있어도 기대와 같은 주관적인 설명변수에 비해서
는 1/3 정도밖에 설명하지 못한다는 연구[17], 실제 서비스와 서비
스의 평가는 필요불가결하게 연관되는 것이 아니라는 연구[18]도
있다.

한국에서 이제까지 대부분의 공공서비스에 대한 연구들은 공공
서비스의 배분상태에 대한 연구에 몰두해왔다. 이러한 연구들은
물질과 서비스가 지역 간에 고르게 배분되는 것이 최상의 서비스
상태라고 가정해 왔다. 그러나 물질과 서비스의 전달 상태가 공공
서비스에 대한 주민만족에 영향을 미치지 않거나 그 영향의 정도
가 작다면, 이러한 배분보다 주민만족에 영향을 주는 요인들을 찾
아내어 그 개선에 노력하는 것이 효과성과 대응성이라는 행정이
념에 보다 충실한 작업이 된다는 생각이다.

객관적 서비스 전달 상태가 공공서비스에 대한 주민만족에 있
어 중요한 이유는 주민들이 정부활동이나 서비스에 대한 지식이
없어도, 서비스의 질적 차이가 심하면 그것이 주민의 평가에 영향
을 미친다는 사실이다. 따라서 각기 다른 지역의 주민들의 공공서
비스에 대한 만족수준만을 비교해서는 그것이 서비스 성과의 차
이 때문이라고 주장할 수 없게 된다. 그러므로 객관적인 서비스
전달이 지역 간에 어느 정도 차이가 있는지, 그리고 그러한 차이
가 주민의 만족에 영향을 미치는지를 검토하는 것이 필요하다. 이
를 위해 더 많은 서비스와 더 높은 질의 서비스를 받는 지역의
주민들이 적고 빈약한 서비스를 받는 지역의 주민들보다 더 만족

---

17) Benoit Gauthier, "Client Satisfaction in Program Evaluation," *Social Indicators Research*, Vol. 19(1987), pp.229-254.
18) B. Stipak, (1979), op. cit., pp.46-52.; R. B. Parks, op. cit., pp.118-127.

할 것이라는 가설에서 출발한다.

가설 4. 객관적 서비스 전달 상태가 다른 지역보다 우수한 지역일수록 주
       민들은 공공서비스에 더 만족할 것이다.

객관적 서비스 전달 상태는 서비스 유형별로 구분하여 측정하
는데, 자료수집의 용이성과 지역 통계의 일치성을 감안하여 통계
연감에서 추출할 수 있는 내용에 한정하기로 한다. 객관적 서비스
전달 상태의 구체적인 측정지표는 다음과 같다. 이러한 측정지표
는 Brown과 Coulter의 측정지표를 원용하였고[19], 추출된 자료들
은 각 지역별로 비교된다.

---

19) Brown과 Coulter는 경찰서비스에 대한 주민만족을 연구하면서 서비
    스에 대한 객관적 전달 상태의 측정지표로 폭행수/인구, 경찰 반응시
    간의 평균, 배치경찰의 평균수, 체포인수/강력범죄수, 강력범죄수/인
    구, 강도수/인구, 폭행수/인구 등을 선정하였다. Brown and Coulter,
    op. cit., pp.50-58.

〈표 3-4〉 객관적 서비스 전달 상태 측정지표

구　분	객관적 서비스 전달 상태 측정지표
쓰레기서비스	배출량(톤/일)/인구 천 명당
	배출량(톤/일)/면적당
	수거원수/인구 천 명당
	수거원수/면적당
	수거차량수/인구 천 명당
	수거차량수/면적당
	수거손수레수/인구 천 명당
	수거손수레수/면적당
	수거중장비수/인구 천 명당
	수거중장비수/면적당
	1인당 평균수거량(톤/일)
	수거지인구율a)
경찰서비스	범죄발생건/인구 천 명당
	범죄발생건/면적당
	범죄검거건/인구 천 명당
	범죄검거건/면적당
	검거율
	강력범발생건/인구 천 명당
	강력범검거건/인구 천 명당
	강력범검거율
	절도범발생건/인구 천 명당
	절도범검거건/인구 천 명당
	절도범검거율
	폭력범발생건/인구 천 명당
	폭력범검거건/인구 천 명당
	폭력범검거율
	경찰관서(지·파출소)수/인구 천 명당

구　분	객관적 서비스 전달 상태 측정지표
교육서비스	학생수/인구 천 명당
	학생수/면적당
	학교수/인구 천 명당
	학교수/면적당
	교원수/인구 천 명당
	교원수/면적당
	교사1인당 학생수
	교지면적/학생1인당
	교지면적/인구 천 명당
	건물면적/학생1인당
	건물면적/인구 천 명당
	학교용지b)/학생1인당
	학교용지b)/인구 천 명당
	학급당 학생수

- 수거원수, 수거차량수, 수거손수레수, 수거중장비수＝자치단체직영＋대행
- a)수거지인구율＝(청소구역인구/행정구역인구)×100(청소구역은　폐기물
　　관리법 제9조, 동법시행령 제14조에 의거 지정한 구역)
- b)학교용지＝학교건물 및 부속건물의 부지＋학교운동장
- 자료:「한국도시연감」「전국통계연보」「경찰통계연보」「한국교육연감」

5. 개인의 주관적 상태와 관련된 가설

　본 연구에서는 개인의 주관적 상태를 주민 개개인의 정부와 공
공서비스에 대한 느낌, 경험, 기대, 판단에 의해 야기되는 개인적

인 심리 상태로 정의한다. 만족이란 주민들이 주관적으로 느끼는 마음이나 판단의 상태이며 경험에 기초하고 있다. 그러므로 주민 개인의 주관적인 상태가 다르면 느끼는 만족도 다르다.

기존 연구들에 따르면, 개인의 주관적 상태 중에서 주민 개인의 정치적 태도, 공공서비스 경험, 공공서비스에의 기대, 도시정부의 비용·편익에 대한 평가가 공공서비스에 대한 주민만족과 밀접한 연관성을 가지고 논의된다.

① 정치적 태도; 정치적 태도란 주민들이 정부에 대해 가지고 있는 우호적, 비우호적 감정에서 나타나는 정치적인 느낌이나 평가 등을 의미한다.

정부에 대한 태도가 공공서비스의 만족에 영향을 미칠 것이라는 주장이 꾸준히 제기되었고, 많은 학자들이 이에 대한 경험적인 연구를 실시하였다. 그럼에도 불구하고 연구 결과가 상반되고 있다. 일군의 학자들은 이 변수의 영향이 상당히 크게 유의미하다고 분석[20]한 반면, 또 다른 학자들은 일관성 있는 관계를 부정하고 있다. 한국의 경우는 행정환경이 정부에 강력한 권한이 집중되어 있어서 정부가 공공서비스의 배분과 전달에 무소불위의 영향력을 행사해왔기 때문에 이러한 정부에 대한 주민들의 인식이 공공서비스 만족에 커다란 역할을 했을 것으로 생각되어진다.

정치적 태도로는 정치적 효율성과 시 정부에 대한 총체적 평가

---

20) George I. Balch, "Municipal Indicators in Survey Research: The Concept Sense of Political Efficacy," *Political Methodology*, Vol. 1(Spring, 1974), pp.1-43.; K. Brown and P. B. Coulter, op. cit., pp.50-58.; R. H. DeHoog and D. Lowery and W. E. Lyons, op. cit., pp.807-837.; B. Stipak, op. cit., (1977), pp.41-55.; M. S. Rosentraub and L. Thompson, op. cit., pp.990-999.

100

를 구분하여 측정하기로 한다. 비록 분명한 측정기준에의 협약은 없지만 일반적인 정치적 효율성과 지역의 정치적 효율성 사이에 구별 중요성이 있다는 주장 때문이다. Balch와 DeHoog 등의 측정 지표를[21] 이용한다.

정치적 효율성은 도시정부에 의하여 수행되는 업무에의 관심과 시 공무원에 대한 불평의 유효성을 묻는다. 시 정부에 대한 총체적 평가로는 정부운영의 복잡성 정도와 주민 자신의 참여 정도로서 정부에의 의견제시 여부를 묻는다.

② 서비스 경험: 본 연구에서는 서비스 경험을 주민들이 직·간접적으로 공공서비스와 접촉한 후에 갖는 느낌이라고 정의한다. 주민들은 자신들이 직접 공공서비스와 접촉한 후에 공공서비스에 대한 좋고 나쁨의 느낌을 가지게 된다. 그러나 한편으로는 가족이나 이웃의 경험을 통해 전달되는 말이나 태도에 의해서도 간접적으로 공공서비스를 경험하고 그에 대한 느낌을 가질 수 있다. 공공서비스에 대한 전반적인 주민만족을 종속변수로 하는 본 연구에서는 간접적인 경험 역시 주민만족에 영향을 미칠 것으로 가정한다.

서비스 경험으로는 경찰서비스에 대한 연구에서 경찰관과의 접촉경험과 범죄에의 피해횟수가 만족감에 영향을 미치는 변수로 연구된 사례[22]가 널리 인용되고 있으나, 본 연구에서는 주민의 거주기간을 간접적이고 공통적인 경험의 측정지표로 삼고자 한다.

---

21) DeHoog 등은 Balch의 척도를 이용하여 지역의 정치적 효율성(local efficacy), 지역공동체 애착심(community attachment), 일반적인 정치적 효율성(general efficacy)으로 구분하여 설문을 실시하였다. R. H. DeHoog and D. Lowery and W. E. Lyons, op. cit., pp.833-834.
22) K. Brown and P. B. Coulter, op. cit., p.52.

공공서비스는 주민들이 특정지역에 거주하면서 싫든 좋든 보편적으로 경험할 수밖에 없기 때문이다. 서비스별로는 서비스의 특성에 따른 직·간접 경험을 측정한다.

③ 서비스에의 기대; 서비스에의 기대란 공공서비스가 제공해야하는 정도에 대한 주민의 인식이라고 정의한다. 다시 말하면 주민들은 공공서비스에 대해 어느 정도의 서비스를 제공받아야 한다고 생각하는가가 각각 다르기 때문에, 공공서비스로부터 더 많은 것을 제공받기 원하는 주민과, 필요최소한의 서비스 외에는 스스로 해결하는 것이 당연하거나 편리하다고 생각하는 주민이 있게 마련이다. 이러한 주민들의 기대가 만족에도 영향을 미친다고 보는 것이 일반적인데, 기대의 수준이 높으면 높을수록 서비스에 대한 불만의 정도가 크고, 반대로 낮은 기대수준은 현재의 공공서비스 수준에 더 만족한다는 연구 결과들이 있다.

그러나 기대변수는 측정하기가 어려운 변수 중의 하나이다. 수입이 적은 주민들은 자신들의 능력으로 감당할 수 없는 현실에 대한 보상을 공공서비스에서 받기를 원하므로 기대가 크고, 상대적으로 수입이 많은 주민들은 공공서비스에 대한 기대가 적다는 데서 가족수입의 정도를 기대의 측정지표로 선정한 연구[23)]가 있으며, 밤에 주변이웃의 길거리를 걷는 데 안전하다고 느끼는 사람은 불안감을 느끼는 사람보다 경찰보호에 대한 기대가 적을 것이라고 조작적 정의를 한 연구도 있다.[24) 본 연구에서는 자신의 생활여건이 어느 정도에 속하느냐를 물음으로써 주민의 기대에 대한 간접적인 측정지표로 삼는다. 생활여건이 낮다고 응답한 사람

---

23) M. S. Rosentraub and L. Thompson, op. cit., p.93.
24) K. Brown and P. B. Coulter, op. cit., p.53.

들은 공공서비스에 대한 기대가 일반적으로 더 크다고 본다. 또한 공공서비스가 주민들이 기대한 만큼 제공되고 있는지를 직접적으로 묻는다.

④ 도시정부의 비용·편익평가: 도시정부의 비용·편익평가는 주민들이 자신이 거주하는 지역의 정부가 자신들이 내는 세금에 대해 얼마나 공정한 서비스 수익을 제공한다고 느끼느냐를 의미한다.

주민은 자신들이 지불하는 세금에 대한 대가로 공공서비스를 이용한다. 따라서 자신들이 내는 세금이 적절하고 능률적으로 사용되고 있다고 느끼면 제공받는 공공서비스에 더 만족할 것이다. 이에 반해 자신들의 세금이 도시정부에 의해 낭비되고 있다고 여긴다면 공공서비스에 대한 만족은 줄어들 것이다. Fitzgerald와 Durant는 '그들이 제공하는 세금에 대해 도시정부 서비스가 공정하게 돌아오지 않는다고 느끼는 주민들은 덜 만족하고 부가적인 영향을 더 원할 것이다'라는 가설을 가지고 주민들에게 도시 정부에 대해 Benefit/Cost평가를 하도록 했다.[25] 그 결과 도시정부에 대한 비용·편익평가가 주민만족수준을 예측하는 데 있어 가장 본질적인 요소가 되는 것으로 나타났다. 그들은 따라서 만약 주민이 어느 정도 도시공공서비스에 만족하는가의 예측에 관심이 있다면 연령, 도시규모, 주민에 대한 도시정부의 반응성보다도 도시정부에 대한 비용·편익평가를 아는 것이 더 유용할 것이라고 결론지었다. 본 연구에서도 도시정부에 대한 비용·편익평가와 주민만족 사이에 의미 있는 관계가 나타나는지를 검토하고자 한다. 이 부분의 조사는 주민이 공공서비스가 더 향상(upgrade)되기를 바

---

25) M. R. Fitzgerald and R. F. Durant, op. cit., pp.585-594.

라면서도, 서비스를 개선하기 위해 세금을 더 내겠느냐는 질문에, 현재 세금을 충분히 내고 있다고 생각하며, 주민의 70% 정도가 세금의 감소를 원하고 있었다는 실증적 연구[26]와도 그 결과를 비교하고자 한다. 주민들은 자신들의 도시정부가 얼마나 비용·편익에 있어서 능률적이라고 생각하고 있으며, 그것이 서비스에 대한 주민만족에는 어떠한 영향을 미치는지 대답해 줄 것이다.

본 연구에서는 비용·편익의 평가에 대해 현재 공공서비스가 세금만큼 제공되고 있는지의 여부와 공공서비스의 개선을 위해 세금을 더 내겠느냐의 의사를 묻는다. 이에 대한 가설과 측정지표는 다음과 같다.

가설 5. 개인의 주관적인 상태가 공공서비스의 만족에 차이를 나타낼 것인데,

5-1. 정치적 태도가 정부에 우호적일수록 공공서비스에 만족할 것이다.

5-2. 공공서비스에 대한 경험이 많은 주민일수록 공공서비스에 만족할 것이다.

5-3. 공공서비스가 기대만큼 제공된다고 생각하는 주민일수록 공공서비스에 만족할 것이다.

5-4. 도시정부가 비용·편익에 있어 능률적이라고 생각하는 주민일수록 공공서비스에 만족할 것이다.

---

26) J. Edwin Benton and John L. Daly, "The Paradox of Citizen Service Evaluations and Tax/Fee Preferences: the Case of Two Small Cities," *American Review of Public Administration*, Vol. 22, No.4(December, 1992), pp.271-285.

<표 3-5> 개인의 주관적 상태 측정지표

개인의 주관적 상태		측정지표
정치적 태도	정치적 효율성	・지역정치에의 관심정도 ・불평의 유효성
	시정부에 대한 총체적평가	・정치와 행정의 복잡성 여부 ・정부에의 의견제시 여부
서비스 경험	현 지역에의 거주기간	
	쓰레기서비스	・쓰레기수거 정도
	경찰서비스	・경찰관과 대면하여 일처리 정도 ・한 달 평균 범죄피해 정도
	교육서비스	・현재 자신이나 가족의 교육수혜 여부
서비스에의 기대	개인의 생활여건 평가 정도	
	쓰레기서비스	・쓰레기서비스의 기대만큼 제공 여부
	경찰서비스	・경찰서비스의 기대만큼 제공 여부
	교육서비스	・교육서비스의 기대만큼 제공 여부
도시정부의 비용・편익평가	세금의 효율성	현재 지불하는 세금만큼 공공서비스의 제공 여부
	부가과세의사	공공서비스의 개선을 위해 세금을 더 납부할 의사

제4장 주민만족의 실태 및 결정요인 분석

제1절 조사개요

1. 분석대상지역 선정

본 연구는 대상지역으로 수원, 고양, 제천, 속초의 4개시를 선정하였다. 본 연구가 4개시를 대상지역으로 선정한 이유는 지역적인 특성이 공공서비스에 대한 주민만족에 유의미한 영향을 주고 있는지를 살펴보기 위해서인데 구체적으로는 세 가지 기준에 의거하였다. 첫째는 도시규모별 순위이다. 전체 73개의 도시를 인구규모에 의하여 규모별 순위를 분류하여 규모가 큰 시와 작은 시 즉, 인구가 많은 지역과 인구가 적은 지역의 주민들이 시의 공공서비스에 만족을 느끼는 데 차이가 있는지를 살펴보기 위함이다. 둘째는 지역의 경제적 지위이다. 본 연구에서는 지역의 경제적 지위를 지역주민이 부담하는 1인당 지방세부담액을 그 시가 속한 도의 평균 1인당 지방세부담액과 비교하여 도의 평균보다 높은지 낮은지를 비교기준으로 선정하였다. 셋째는 시의 연령이다. 특정 지역이 시로 설치된 시 설치년월일의 햇수가 길거나 짧은 것이 공공서비스에 대한 주민만족에 어떠한 차이를 주고 있는지를 알아보고자 함이다. 이러한 기준에 따라 수원, 고양, 제천, 속초를 연구대상지역으로 선정하였는데, 경기도의 남·북부, 강원도, 충청도의 각 지역이 골고루 포함될 수 있도록 고려하였다. 구체적으로 각 시가 나타내는 특성은 다음 〈표 4-1〉과 같다.

〈표 4-1〉 연구 대상지역의 특성

도시규모별 순위 (전체 73개 시)	시연령 (시설치일)	1인당 지방세부담액 (도별 지방세 등급)		인구(인구밀도:km2)	
10. 수 원	'49.8	321,527원	하	1,268,432명	(2,349.5)
13. 고 양	'92.2	607,100	상	564,111	(2,111.8)
45. 제 천	'95.1	232,190	하	146,324	(165.9)
68. 속 초	'63.1	345,662	상	80,709	(335.5)

자료: 「한국도시연감」, 내무부, 1996.

2. 설문지 구성 및 배포상황

설문지는 주민만족이라는 연구의 성격상 등간척도로 구성하였다. 사회과학에서 각종 태도를 측정하기 위해서 주로 서열척도를 이용하는데, 본 연구는 만족의 서열척도를 수정하여 등간척도로 구성한 이유는, 등간척도가 서열척도보다 정확한 응답과 정보를 얻을 수 있으므로 다양하고 고급의 분석기법도 활용할 수 있다는 장점 때문이다. 따라서 본 연구에서는 빈도분석으로 부족한 부분은 평균값을 이용하여 설명을 보충하였다.

설문문항은 본 연구가 쓰레기서비스, 경찰서비스, 교육서비스라는 세 가지 종류의 서비스를 연구 대상으로 하였으므로 총 70문항으로 작성되었다. 주민들이 주관적으로 느끼는 공공서비스에 대한 평가에 관한 문항 7개와 쓰레기수거서비스에 대한 평가문항 18개, 경찰서비스에 대한 평가문항 20문항, 교육서비스에 대한 평가문항 18개, 그리고 인구통계학적인 문항 7개로 구성되었다.

설문조사는 1997년 10월 9일부터 10월 16일까지 8일간에 걸쳐 일반주택의 주민들을 대상으로 실시하였다. 4개 지역에 각 135부씩 총 540부를 배포하였으며, 회수된 설문지는 부실한 응답을 제외하고 총 482매로 89.3%의 회수율을 보였다(〈표 4-2〉 참조).

〈표 4-2〉 설문지 배포 및 회수 상황

배포지역	배포수	회수수	회수율(%)
수 원	135매	121매	89.6
고 양	135매	112매	83.0
제 천	135매	123매	91.1
속 초	135매	126매	93.3
총 계	540매	482매	89.3

제2절 조사대상과 주민만족의 실태분석

1. 조사대상의 실태

설문조사대상자의 사회경제적 배경을 정리하면 다음 〈표 4-3〉과 같다.

<표 4-3> 조사대상의 사회경제적 배경

[단위: 명(%)]

구 분		전 체	수 원	고 양	제 천	속 초
성별	남	253(52.5)	53(44)	71(63)	69(56)	60(48)
	여	229(47.5)	68(56)	41(37)	54(44)	66(52)
	계	482(100)	121(100)	112(100)	123(100)	126(100)
연령	20대 이하	2(0.4)	1(1)	1(1)	0(0)	0(0)
	20대	108(22.5)	28(23)	33(30)	12(10)	35(28)
	30대	200(41.5)	45(37)	39(35)	60(49)	56(44)
	40대	122(25.3)	28(23)	27(24)	41(33)	26(21)
	50대	31(6.4)	8(7)	9(8)	6(5)	8(6)
	60대 이상	18(3.7)	11(9)	2(2)	4(3)	1(1)
	계	481(100)	121(100)	111(100)	123(100)	126(100)
교육	초등 정도	9(1.9)	3(3)	0(0)	4(3)	2(2)
	중학교	26(5.4)	9(7)	3(3)	6(7)	6(5)
	고등학교	220(45.6)	53(44)	40(36)	59(48)	68(54)
	대학교	216(44.8)	55(46)	65(59)	49(40)	47(37)
	대학원 이상	8(107)	1(1)	2(2)	2(2)	3(2)
	계	479(100)	121(100)	110(100)	122(100)	126(100)
생활수준	최상위	1(0.2)	0(0)	0(0)	1(1)	0(0)
	상 위	24(5.0)	8(7)	4(4)	4(3)	8(6)
	중 간	381(79.0)	93(77)	90(80)	93(76)	105(83)
	하 위	67(13.9)	18(15)	15(13)	22(18)	12(10)
	최하위	8(1.7)	2(2)	3(3)	2(7)	1(1)
	계	481(100)	121(100)	112(100)	122(100)	126(100)

구 분		전 체	수 원	고 양	제 천	속 초
수입	50만 원	9(1.9)	0(0)	1(1)	4(4)	4(3)
	51-70만 원	20(4.1)	3(3)	4(4)	5(4)	8(7)
	71-100만 원	59(12.2)	17(14)	9(8)	20(17)	13(11)
	101-150만 원	111(23.0)	29(24)	27(24)	22(19)	22(28)
	151-200만 원	117(24.3)	29(24)	28(26)	29(25)	31(26)
	201-300만 원	103(21.4)	27(22)	29(27)	24(20)	23(20)
	301만 원 이상	45(9.3)	16(13)	11(10)	12(10)	6(5)
	계	464(100)	121(100)	109(100)	116(100)	118(100)
거주기간	6개월 미만	16(0.8)	5(4)	4(4)	4(3)	3(2)
	6월-1년	25(5.2)	4(3)	7(6)	8(7)	6(5)
	1-3년	114(23.7)	29(24)	39(35)	28(23)	18(15)
	4-5년	59(12.2)	16(13)	15(13)	12(10)	16(13)
	6-10년	92(19.1)	24(20)	15(13)	35(29)	18(15)
	11-20년	69(14.3)	21(18)	9(8)	16(13)	23(19)
	21-30년	67(13.9)	12(10)	14(13)	14(12)	27(22)
	31년 이상	36(7.5)	9(8)	9(8)	5(4)	13(11)
	계	478(100)	120(100)	112(100)	122(100)	124(100)
직업	농업·축산업	3(0.6)	1(1)	0(0)	0(0)	2(2)
	노동기능직	54(11.2)	17(14)	8(7)	12(10)	17(14)
	일반사무관리직	116(24.1)	36(30)	38(34)	14(11)	28(22)
	전문관리직	26(5.4)	7(6)	12(11)	2(2)	5(4)
	소자본자영상업	116(24.1)	19(16)	14(13)	44(36)	39(31)
	중소기업경영	2(0.4)	0(0)	0(0)	2(2)	0(0)
	교사 및 강사	13(2.7)	9(7)	1(1)	3(2)	0(0)
	전문자유업	21(4.4)	3(3)	5(5)	10(8)	3(2)
	무 직	22(4.6)	3(3)	5(5)	7(6)	7(6)
	가정주부	82(17.0)	22(18)	21(19)	23(19)	16(13)
	학 생	6(1.2)	1(1)	2(2)	3(2)	0(0)
	기 타	19(3.9)	3(3)	5(5)	3(2)	8(6)
	계	480(100)	121(100)	111(100)	123(100)	125(100)

　우선, 전체적으로 성별은 52.5%(253명)가 남자, 47.5%(229명)가 여자이다. 연령은 20세 미만부터 시작하여 10년 단위로 하여 60세 이상까지 구분하였는데 30세에서 39세가 41.5%(200명)로 가장 많

앉다. 교육정도는 고등학교 정도가 45.6%(220명), 대학교 정도가 44.8%(216명)로 총 90.4%로 나타났다. 생활수준은 중간정도라고 생각한 응답자가 79.0%(381명)로 가장 많았으며, 중간보다 높다고 응답한 사람은 5.2%(25명), 중간보다 낮다고 응답한 사람은 15.6%(75명)이었다. 수입은 151만 원에서 200만 원이 가장 많은 24.3%(117명)였으며, 101만 원에서 150만 원이 다음으로 많은 23.0%(111명)였다. 거주기간은 1년에서 3년 정도가 가장 많은 23.7%(114명)였으며, 10년 이상 한 지역에 거주하고 있는 사람은 35.7%(172명)이었다. 직업은 일반사무관리직과 소자본자영상업이 24.1%(116명) 씩으로 동일한 응답비율을 나타내고 있으며, 가정주부가 17.0%(82명)이었다. 본 연구에서는 직업의 종류보다는 직업이 있느냐 없느냐가 공공서비스에 대한 만족에 있어 차이를 나타내는지를 살펴보고자 하였으므로 가정주부이면서 소자본자영상업 즉 주택가나 시내의 상가에서 장사를 하는 응답자에게 소자본자영상업으로 기입하도록 요구하였다.

이러한 분석결과들을 수원, 고양, 제천, 속초의 도시별로도 구분하여 보았다. 성별은 대체로 지역 간에 남녀의 분포가 크게 차이가 나지 않으나 고양시에서 여성에 비해 남성 응답자가 많다. 연령에 있어서는 수원에서 50대 이상이 다소 많으며, 제천에서는 30대가 많다. 교육은 고양시에서 대학교 정도가 가장 많다. 생활수준은 전체적으로 중간이라고 응답한 사람들이 압도적이었으나, 중간 이하라고 생각하는 응답자는 제천이 조금 많다. 수입은 지역이 고르게 나타났다. 거주기간에서는 속초에서 20년 이상 거주한 응답자가 많았고, 3년 미만의 거주는 고양이 많다. 직업에서는 대체로 고른 분포를 보인다.

114

2. 공공서비스에 대한 주민만족의 실태분석

(1) 변수선정의 재검토

〈표 4-4〉 변수 간의 영차상관계수(zero-order correlation)

구　분		쓰레기서비스에 대한 만족	경찰서비스에 대한 만족	교육서비스에 대한 만족
종속변수	서비스만족	1.0000	1.0000	1.0000
내생변수 （Ⅰ）	정치에 관심	.0925*	.1280*	.0962*
	불평의 유효성	.1869***	.1829***	.2605***
	정치·행정의 복잡성	-.0310	.0593	-.0155
	정부에 의견제시	.0877	.1242*	.1842***
	세금 효율성	.2782***	.1184*	.2044***
	부가 과세의사	.1181*	.0535	.1230*
	경험정도a)	.1137*	-.0975* -.2155*	.1070*
	거주기간	.0176	-.0109	.0197
	기　대	.7514***	.7699***	.7959***
	생활여건	-.0155	.1086*	.0872
	객관적 서비스 전달b)	.0378	.0248	.0772
내생변수 （Ⅱ）	신뢰성	.3717***	.3839***	.5463***
	신속성	.4202***	.4144***	.4673***
	이용상용이성	.4011***	.1229*	.2069***
	형평성	.4084***	.2105***	.4466***
	친절성	.4085***	.4803***	.4664***
	정　보	.2740***	.2502***	.4683***
	선택성	.4484***	.4502***	.4456***
	이익성	.5020***	.2352***	.5420***
	안전성	.4367***	.1223*	.4172***
	대표성	.4041***	.3851***	.4675***
	불편처리장치	.2737***	.2391***	.5102***
	책임성	.4372***	.5334***	.4400***
외생변수	지역특성c)	-.0191	-.0294	-.0611
	성　별	.0429	-.0648	.0902
	연　령	-.1081*	-.1102*	-.2011***
	교　육	.0587	.0437	.0583
	소　득	.0195	.0692	-.0196
	직　업	.0995*	.0738	.0701

a)쓰레기서비스에 대한 경험은 쓰레기수거횟수정도, 경찰서비스에 대한 경험은 범죄피해 유무와
범죄피해 횟수정도, 교육서비스에 대한 경험은 피교육자 유무
b)객관적 서비스 전달 상태는 전체 변수 상관계수의 평균
c)지역특성은 인구/면적
*p<.05 **p<.005 ***p<.0001

분석에 대한 구체적인 논의를 시작하기 전에 우선 분석을 위해 사용된 독립변수들의 종속변수에 대한 상관계수를 검토해 보면 〈표 4-4〉와 같다. 검증결과에 의하면 정치와 행정의 복잡성, 주민의 객관적인 특성, 지역특성, 객관적 서비스 전달 상태를 제외한 다른 독립변수는 5%의 유의수준에서 통계적 유의성이 있는 것으로 판명되었다. 따라서 선정된 변수들로 구체적인 분석을 실시한다.

(2) 총량모형의 설명력

본 연구에서 사용하는 총량모형이란 공공서비스에 대한 주민만족에 영향을 미치는 요인으로 선정된 독립변수가 종속변수를 어느 정도로 설명할 수 있느냐를 검토하는 것을 의미한다. 선정된 독립변수는 외생변수와 내생변수로 이들 변수 모두를 사용하여 검토한다. 이러한 총량모형은 $Y = f(X_1,\ X_2,\ X_3,\ X_4,\ X_5) = b_0 + b_1 X_1 + b_2 X_2 + b_3 X_3 + b_4 X_4 + b_5 X_5$로 나타낼 수 있다($Y$: 공공서비스에 대한 주민만족, X_1: 부문별 평가요인, X_2: 주민의 객관적 특성, X_3: 지역특성, X_4: 객관적 서비스 전달 상태, X_5: 주민의 주관적 특성).

〈표 4-5〉의 (a)에서 보는 바와 같이 총량모형에 의하면 먼저 쓰레기서비스의 경우 선정된 변수들의 설명력은 65.21% 정도이고, 이 모형은 통계적으로 유의성이 있다($F = 17.927$. $p<.0001$). 경찰서비스의 경우 선정된 변수들의 설명력은 89.78%로 매우 높게 나타나고, 이 모형은 통계적으로 유의성이 있다($F = 6.038$, $p<.0001$). 교육서비스의 경우 역시 선정된 변수들의 설명력은 74.93%로 높고, 또한 통계적으로 유의성이 있는 것으로 나타났다($F = 25.314$, $p<.0001$). 이것은 모형에 사용된 독립변수들의 분산이 쓰레기서비스에 대한 만족의

분산, 경찰서비스에 대한 만족의 분산, 교육서비스에 대한 만족의 분
산을 각각 65.21%, 89.78%, 74.93% 정도를 의미 있게 설명한다는 뜻
이다.

　다음으로, 공공서비스에 대한 주민만족에 영향을 미치는 요인들
중에서 외생변수를 제외한 내생변수들의 설명력을 검토하기 위하
여 외생변수를 배제한 내생변수들을 다중회귀분석한 결과 연구
대상으로 선정된 세 개의 서비스 모두에 선정된 내생변수들은 높
은 설명력이 있는 것으로 나타났다(〈표 4-5〉의 (b) 참조). 이러한
내생변수의 분산으로 쓰레기서비스에 대한 주민만족의 분산을
65.09%, 경찰서비스에 대한 주민만족의 분산을 86.99%, 교육서비
스에 대한 주민만족의 분산을 72.80% 정도 설명할 수 있으며, 이
모형은 모두 통계적으로 유의성이 있다(쓰레기서비스: $F=28.049$,
$p<.0001$, 경찰서비스: $F=9.754$, $p<.0001$, 교육서비스: $F=33.895$,
$p<.0001$).

　결론적으로 선정된 독립변수들은 쓰레기서비스, 경찰서비스, 교
육서비스에 대한 만족에 유의미한 설명력이 있는 변수들로 선정
되었다고 볼 수 있다.

〈표 4-5〉 총량모형 및 내생변수모형의 분산분석표

(a) 총량모형

쓰레기서비스의 총량모형($R^2 = .6521$)					
	d. f.	s. s.	m. s.	F	p
회귀분산	32	415.9406	12.9981	17.927	.0001
오차분산	306	221.8706	0.7251		
경찰서비스의 총량모형($R^2 = .8978$)					
	d. f.	s. s.	m. s.	F	p
회귀분산	32	103.5553	3.2361	6.038	.0001
오차분산	22	11.7902	0.5359		
교육서비스의 총량모형($R^2 = .7493$)					
	d. f.	s. s.	m. s.	F	p
회귀분산	32	386.2330	12.0698	25.314	.0001
오차분산	271	129.2111	0.4768		

(b) 내생변수모형

쓰레기서비스의 내생변수모형($R^2 = .6509$)					
	d. f.	s. s.	m. s.	F	p
회귀분산	23	460.2696	20.0117	28.049	.0001
오차분산	346	246.8547	0.7135		
경찰서비스의 내생변수모형($R^2 = .8699$)					
	d. f.	s. s.	m. s.	F	p
회귀분산	24	102.8118	4.2838	9.754	.0001
오차분산	35	15.3715	0.4392		
교육서비스의 내생변수모형($R^2 = .7280$)					
	d. f.	s. s.	m. s.	F	p
회귀분산	24	401.6121	16.7338	33.895	.0001
오차분산	304	150.0839	0.4937		

(3) 공공서비스에 대한 주민만족의 실태

분석의 첫 단계로는 먼저 주민들이 공공서비스에 대하여 어느 정도 만족하고 있는가를 살펴보았다. 앞에서도 언급하였지만 본 설문지는 수정된 등간척도를 사용하였으므로 평균값을 계산하여 이용할 수 있는데, 각각의 서비스에 대한 주민의 만족정도는 다음 〈표 4-6〉과 같다.

〈표 4-6〉 공공서비스에 대한 주민만족 실태

구　분	쓰레기서비스에 대한 만족		경찰서비스에 대한 만족		교육서비스에 대한 만족	
	평　균	표준편차	평　균	표준편차	평　균	표준편차
	3.93	1.36	4.70	1.21	4.51	1.31

* 1(매우 만족한다) - 4(보통이다) - 7(매우 불만이다)

만족의 정도는 매우 만족한다의 1점에서부터 보통이다 4점, 매우 불만이다의 7점까지로 평가되었다. 따라서 4점은 보통, 4점 미만에서 1점으로 가까워질수록 만족의 정도가 높은 것을 의미하며, 4점 이상부터 7점으로 가까워질수록 만족의 정도가 낮은 것을 의미한다. 조사결과를 살펴보면 주민들은 대체적으로 공공서비스에 대하여 만족보다는 불만의 성향을 나타내고 있음을 알 수 있다. 쓰레기서비스에 대하여는 보통 정도의 만족을 나타내고 있지만, 경찰서비스와 교육서비스에 대하여는 불만이 많았다. 특히 경찰서비스에 대하여는 가장 불만이 많은 것으로 나타나고 있다. 그러나 상대적으로 쓰레기서비스에 대하여는 큰 불만은 보이지 않았다.

주민들이 경찰서비스에 대하여 다른 서비스에 비해 불만이라는 것은 주민 간의 편차가 가장 적은 것에서도 뒷받침되고 있다.

제3절 가설의 검증과 해석

1. 부문별 평가요인

가설 1은 주민들이 공공서비스를 평가하는 데 기준이 되는 요인이라고 생각되는 부문별 평가요인이 전반적인 공공서비스에 대한 만족에 영향을 미칠 것이며, 서비스의 유형에 따라 영향을 미치는 평가요인이 다를 것이라고 가정하였다.

〈표 4-7〉 주민만족에 대한 부문별 평가요인의 설명정도

구 분	부문별 평가요인의 설명력			
	R^2	$Adj-R^2$	F	p
쓰레기서비스에 대한 주민만족	.4043	.3847	20.644	.0001
경찰서비스에 대한 주민만족	.4030	.3823	19.463	.0001
교육서비스에 대한 주민만족	.5454	.5272	30.082	.0001

먼저 부문별 평가요인이 공공서비스에 대한 주민만족에 어느 정도의 설명력을 지니는지를 알아보았다. 그 결과 12가지의 평가요인은 〈표 4-7〉에서 보는 바와 같이 개개의 공공서비스에 대하

여 상당히 높은 설명력을 지니고 있는 것으로 나타났다. 쓰레기서
비스에 대하여는 40.43%, 경찰서비스에 대하여는 40.30%, 교육서
비스에 대하여는 54.54%의 설명력을 나타내고 있다.

본 연구에서는 이러한 평가요인들이 공공서비스의 유형에 따라
그 중요성이 어떻게 달라지는지를 보기위해서 R^2의 값이 큰 것부
터 차례로 변수를 선택해주는 stepwise분석을 이용하여 서비스의
유형에 따라 주민만속에 영향을 수는 부분별 평가요인을 선정하
였다. 회귀분석에 있어서는 사용되는 변수들을 모두 한꺼번에 투
입하는 일괄투입법(enter)과 각 단계별로 종속변수와 상관계수가
가장 높은 독립변수부터 하나씩 추가되는 단계투입법(stepwise)이
있는데, 본 연구에서와 같이 독립변수가 많고, 독립변수 중에서 의
미 있는 변수들을 선정해 낼 때는 단계투입법인 stepwise가 유용
하게 쓰인다. 이 단계투입법은 전방 진입법(foreward selection)과
후방 제거법(backward elimination)을 적절히 조합한 방법으로,
즉, 각 단계별 변수의 선정은 전방 진입법의 기준에 의하고, 각
단계에서 선정된 변수를 다시 후방 제거법의 기준에 의해 제거가
능한 변수가 발견되면 그 변수를 제거하면서, 단계별 회귀분석을
진행하게 된다. 그리고 이 기준들이 충족될 수 없을 때 작업이 종
료된다. 또한 단계투입법은 일괄투입법보다 독립변수의 허용 오차
가 더 크게 나타나므로 다공선성의 문제에 관해서도 더 안전하다.
[1] 분석결과에 의하면 서비스의 유형에 따라 주민만족과 연관되는
부문별 평가요인이 다르게 나타났다(〈표 4-8〉, 〈표 4-9〉, 〈표
4-10〉 참조).[2]

---

1) 김호정, 「사회과학 통계분석」, (서울: 삼영사, 1996), pp.503-520.
2) 본 연구에서는 stepwise에 의한 변수선정에서 맬로우즈의 Cp통계량

구체적으로는 〈표 4-8〉에서 보는 바와 같이 쓰레기서비스에 있어서는 이익성, 신속성, 책임성, 선택성, 형평성, 대표성의 6개 평가요인이 전체의 39.58%를 설명하고 있는 것으로 나타났다. 본 연구에서는 유의수준이 0.0005 이하인 값만을 선택하여 4개의 평가요인이 쓰레기서비스에 대한 주민만족에 있어서 편차를 설명하는 데 중요한 것으로 선정하였다. 단계투입법에서는 방정식에 추가되는 변인을 결정하는 최소허용수준을 연구자가 임의(option)대로 통제할 수 있기 때문이다.[3]

이러한 분석결과는 주민들은 쓰레기서비스에 있어서 시의 정책이 자신들에게 이익이 되도록 실시된다고 인지할수록 더 만족했으며, 신속하게 수거되고, 수거인들이 책임성이 있고, 수거방법이 다양해서 주민들이 선택하여 버릴 수 있다고 느끼면 쓰레기서비스에 더 만족한다고 해석할 수 있다.

을 이용했다. 맬로우즈(C. L. Mallows)는 회귀모형에 대한 변수선택을 위하여 다음과 같은 Cp통계량을 제시하였다. 「Cp통계량의 정의: $Cp = SSEp/MSEk - n + 2(p+1)$」. 여기서 p는 현재 고려 중인 설명변수의 개수이고(상수항 제외), MSEk는 완전모형(full model)에서의 평균제곱오차를 말한다. Cp를 Y축에, p를 X축에 잡고 플롯하여 Cp ≈p+1인 제일 작은 p를 찾을 수 있을 때 이에 해당된 축소모형을 "가장 좋은" 회귀모형으로 판정하는 것이 Cp의 기준이다. 허명회·서혜선, 「SAS 회귀분석」, (고려대학교 통계연구소 통계분석 강의총서 2: 자유아카데미, 1996), pp.5.1-5.22.

3) 오택섭, 「사회과학 데이터 분석법: SAS·SPSS/PC+」, (서울: 나남출판, 1996), pp.313-317.

<표 4-8> 쓰레기서비스에 대한 부문별 평가요인의 설명정도

부문별 평가요인	쓰레기서비스에 대한 주민만족			
	βi	R^2변화	F	p
이익성	.1597	.2421	120.1	.0001
신속성	.2048	.0767	87.8	.0001
책임성	.1697	.0393	69.6	.0001
선택성	.1443	.0202	56.8	.0005
형평성	.1063	.0101	47.3	.0137
대표성	.1124	.0074	40.5	.0340

Overall R^2=.3958 Overall F=40.514 df=6/371
Adj-R^2=.3861 Significance=.0001

<표 4-7>에서 본 것처럼 주민들이 경찰서비스를 평가하는 데 기준이 되는 요인이라고 생각되는 부문별 평가요인들의 전체는 전반적인 경찰서비스의 만족을 40.30% 설명하고 있다. 12가지의 평가요인 중에서는 <표 4-9>에서 보는 바와 같이 4가지가 통계적으로 유의미한 변수로 선정되었는데 책임성, 선택성, 친절성, 신뢰성이다. 이 4가지 변수들은 전반적인 경찰서비스에 대한 만족을 39.91% 정도로 높게 설명하고 있다.

이것은 다시 말하면, 주민들은 경찰관들이 그들의 업무에 책임성이 있다고 생각하고, 다양한 경찰서비스가 제공되고, 경찰관들이 친절하며, 범인 검거율이 높다고 생각하는 경우 전반적인 경찰서비스에 더 만족한다는 것을 의미한다.

〈표 4-9〉 경찰서비스에 대한 부문별 평가요인의 설명정도

부문별 평가요인	경찰서비스에 대한 주민만족			
	βi	R^2변화	F	p
책임성	.3143	.2770	136.8	.0001
선택성	.2013	.0839	110.5	.0001
친절성	.1915	.0237	74.0	.0002
신뢰성	.1297	.0144	58.8	.0038

Overall R^2 = .3991 Overall F = 58.768 df = 4/354
Adj - R^2 = .3923 Significance = .0001

교육서비스에 있어서는 부문별 평가요인들이 주민들의 교육서비스에 대한 만족을 평가하는 데 있어 54.54%의 설명력을 나타내었는데(〈표 4-7〉 참조), 이것은 아주 높은 정도의 설명력이 있음을 의미하고 쓰레기서비스나 경찰서비스보다도 설명력이 크다. 〈표 4-10〉에서 보는 바와 같이 stepwise로 이 중에서 8가지 변수들이 선정되었는데, 이 8가지 변수들은 교육서비스에 대한 주민만족에 있어 53.78%의 설명력을 가진다. 이 결과에 의하면 주민들은 교육서비스 제공자들이 책임성이 있으며, 학교교육이 믿을만하다고 생각하면 전반적인 교육서비스에 만족하였다. 또한 다양한 교육서비스가 제공되고, 불만이 있을 때 건의방법을 알 수 있는 경우, 학교에서 현대사회에 필요한 최신교육을 실시하고 있다고 생각하는 경우에 교육서비스에 만족하였다. 그리고 학교직원들보다는 선생님들의 친절성과 교육정책의 변경 시에 충분한 정보제공, 공공교육서비스가 사교육서비스보다 이익이 된다고 생각하는 경

우에 전반적으로 만족하는 경향을 보였다.

본 연구에서는 이 중에서 0.0001 이상의 높은 유의도를 나타내는 네 가지 변수들을 중심으로 연구를 진행한다.

〈표 4-10〉 교육서비스에 대한 부문별 평가요인의 설명정도

부문별 평가요인	교육서비스에 대한 주민만족			
	βi	R^2변화	F	p
책임성	.1971	.3314	167.6	.0001
신뢰성	.1991	.1091	132.7	.0001
선택성	.1055	.0393	103.3	.0001
불만처리장치	.1378	.0223	84.5	.0001
신속성	.1257	.0141	71.3	.0020
선생님의 친절성	.1178	.0103	61.7	.0074
정　보	.0878	.0070	54.2	.0266
이익성	.0780	.0043	48.1	.0814

Overall R^2=.5378 Overall F=48.139 df=8/331
Adj-R^2=.5266 Significance=.0001

부문별 평가요인에 대한 분석의 결과, 부문별 평가요인은 공공서비스에 대한 적절한 평가기준으로서 주민만족에 영향을 미치며, 서비스의 유형에 따라 만족에의 연관요인이 다르게 나타났으므로 연구가설 1은 채택될 수 있다.

〈표 4-11〉 부문별 평가요인과 공공서비스에 대한 주민만족의 설명정도

쓰레기서비스에 대한 만족에 영향을 미치는 부문별 평가요인	경찰서비스에 대한 만족에 영향을 미치는 부문별 평가요인	교육서비스에 대한 만족에 영향을 미치는 부문별 평가요인
이익성	책임성	책임성
신속성	선택성	신뢰성
책임성	친절성	선택성
선택성	신뢰성	불만처리장치
$R^2 = .3784$ $p = .0005$	$R^2 = .3991$ $p = .005$	$R^2 = .5021$ $p = .0001$

공공서비스의 유형에 따라 주민만족에 영향을 미치는 부문별 평가요인이 다르다는 것은 〈표 4-11〉에서 보는 바와 같이, 우선 주민들은 쓰레기서비스와 같은 일반적인 기능의 서비스에서는 지역의 쓰레기정책이 주민들에게 얼마나 이익이 되도록 실시되고 있느냐에 아주 관심이 많다. 다음으로 설명력이 큰 신속성은 쓰레기서비스의 특성상 신속하게 수거되지 않으면 악취와 미관, 위생적인 이유 때문에 중요한 평가요인으로 작용한 것으로 보인다. 또한 수거인들이 얼마나 책임성이 있게 자신들의 업무(수거)를 실시하느냐와 다양하게 쓰레기를 버릴 수 있느냐 하는 것도 일상에서 중요하게 평가되고 있는 것을 알 수 있다.

보호적 서비스인 경찰서비스에서는 경찰관들의 책임성과 신뢰성이 중요한 것으로 나타났다. 주민들은 경찰관들이 자신들의 업무를 책임 있게 수행한다고 느끼면 더 만족하였지만, 경찰서비스에 대한 전반적인 주민만족이 다른 서비스에 비하여 낮은 것을

감안하면 역시 경찰관들에 대한 책임성과 신뢰성 평가가 높다고
볼 수는 없겠다. 이것은 선택성과 친절성이 경찰서비스에 대한 주
민만족에 영향을 주는 요인으로 나타나, 주민들이 다양한 경찰활
동을 요구하고 있으며 더 친절해지기를 바라고 있다는 것과도 연
관됨을 알 수 있다. 이 외에도 주민들은 형평 있는 처우와 자신들
의 의견을 반영해 주기를 바라고 있는 것을 알 수 있다.

발전적 서비스인 교육서비스에 있어서는 전반적인 주민만족이
그다지 높지 않은 것에 비해 다양한 평가요인이 주민만족에 영향
을 주는 것으로 나타났다. 이것은 주민들이 교육서비스에 특히 관
심이 많다는 것을 반영하는 것으로 보인다. 교육서비스에서는 책
임성과 신뢰성이 주민만족에 특히 높은 설명력을 지니고 있는 것
으로 나타나 이익성이 가장 중요시되는 쓰레기서비스와는 커다란
차이가 나고 있다.

부문별 평가요인에서 흥미로운 사실은 서비스의 유형에 따라
주민만족에 영향을 미치는 부문별 평가요인들이 달라진다는 측면
이다. 일상적 서비스인 경우에는 이익성이나 신속성, 책임성, 선택
성이 주민만족에 영향을 주지만, 경찰서비스와 같은 보호적 서비
스에서는 책임성이 가장 중요시되고 선택성, 친절성, 신뢰성이 영
향을 주고 있었다. 교육서비스와 같은 발전적 서비스에서는 책임
성과 신뢰성, 선택성, 불만처리장치가 영향을 주는 요인으로 나타
났다. 이러한 사실은 앞으로의 연구에서 공공서비스의 유형이나
종류마다 주민만족에 영향을 주는 부문별 평가요인을 찾아내야
한다는 정책적 함의를 시사하고 있다고 볼 수 있다.

또한 공공서비스에 대한 주민만족에 영향을 주는 것으로 선정된
부문별 평가요인들은 소비자주의와 공공서비스지향 접근방법에서

강조하고 있는 책임성, 선택성, 서비스에의 질(본 연구에서는 신뢰성과 신속성으로 분류하여 측정) 등의 측면으로서 본 연구가 이론적 근거로 삼고자 하는 소비자주의와 공공서비스지향 접근방법이 유용함을 증명해주고 있다고 볼 수 있다. 그리고 이러한 이론적 근거에 의거하여 설정한 부문별 평가기준이 공공서비스에 대한 주민만족에 있어 상당히 유의미한 평가기준이 될 수 있다는 것을 의미한다고 해석할 수 있겠다. 특별히 책임성과 선택성, 신뢰성의 평가요인들은 기존의 연구들에서와는 질적으로 다른 평가요인들이다. 기존의 연구들은 능률성, 효율성, 대응성, 형평성 등의 개념들이 공공서비스에 대한 주민만족을 평가하는 요인이 되는 것으로 주장하고 이에 의거한 서비스 평가와 성과측정을 연구하고 있는데, 앞으로는 새롭게 평가기준을 정립하고 그에 따른 평가를 실시하는 연구방향 전환과 인식의 전환이 필요할 것으로 보인다.

2. 주민 개인의 객관적 특성요인

가설 2는 주민개개인의 객관적 특성이 공공서비스의 만족에 영향을 줄 것으로 가정하였다. 주민의 객관적 특성요인이란 주민들이 나타내는 인구통계학적인 배경을 말하는데 본 연구에서는 성별, 연령, 교육정도, 소득, 직업에 따른 공공서비스에 대한 만족의 차이를 의미한다.

먼저 선정된 변수들이 공공서비스에 대한 주민만족을 설명하는 변수로서 얼마나 설명력이 있는가를 알아보기 위하여 회귀분석을 실시하였다. 성별과 직업은 명목변수이므로 dummy로 처리하였다.

특별히 직업은 ANOVA검증을 통해 유의미하게 묶어지는 두 집단으로 나누었다. 한 집단은 재택근무자의 집단으로 농업·축산업, 소자본 자영상업, 무직, 가정주부를 직업으로 대답한 응답자, 다른 집단은 비재택근무자의 집단으로 일반사무관리직, 전문관리직, 중소기업 경영, 교사 및 강사, 전문 자유업, 학생, 기타가 속한다.

〈표 4-12〉에서 보는 바와 같이 주민의 객관적 특성요인은 공공서비스에 대한 주민만족에 있어, 쓰레기서비스의 경우는 1.1%, 경찰서비스의 경우는 2.8%, 교육서비스의 경우는 4.3% 정도를 설명하고 있다. 서비스의 유형에 따라 설명력이 있는 변수는 경찰서비스에 있어서는 성별, 연령, 교육서비스에서는 연령으로 나타났다. 전체의 설명력은 쓰레기서비스 외에 경찰서비스와 교육서비스는 p〈.05에서 유의미하다.

〈표 4-12〉 주민의 객관적 특성요인의 주민만족의 설명정도

구 분	쓰레기서비스에 대한 만족		경찰서비스에 대한 만족		교육서비스에 대한 만족	
	bi	βi	bi	βi	bi	βi
성별	.039	.015	-.300*	-.126*	.171	.066
연령	-.120	-.086	-.171**	-.137**	-.234**	-.169**
교육	.088	.045	-.037	-.021	.067	.035
소득	.006	.007	.073	.084	-.028	-.029
직업	-.022	-.008	.135	.055	.068	.026
계	$F = 1.023$ $R^2 = .0112$ $Adj - R^2 = .0003$ $p = .4031$		$F = 2.624$ $R^2 = .0288$ $Adj - R^2 = .0178$ $p = .0236$		$F = 3.675$ $R^2 = .0427$ $Adj - R^2 = .0311$ $p = .0029$	

$*p \langle 0.05 \ **p \langle 0.005$

구분된 집단 간 만족의 차이 비교를 위해 ANOVA분석을 실시한 결과 〈표 4-13〉에서 보는 바와 같이 주민의 객관적 특성은 대체적으로 공공서비스에 대한 만족에 특별한 차이를 보이지 않는 것으로 나타났다. 그러나 교육서비스에 있어서는 주민의 연령과 학력의 차이에 따라 만족의 정도에 차이가 나타나고 있다.

〈표 4-13〉 주민의 객관적 특성별 공공서비스에 대한 만족

(a) 쓰레기서비스

구 분	s. s.	d. f.	m. s.	F	p
성 별	0.0182	1	0.0185	0.01	0.9197
연 령	10.1051	5	2.0210	1.12	0.3513
교 육	15.7503	4	3.9376	2.17	0.0712
소 득	18.4694	6	3.0782	1.90	0.1196
직 업	31.2879	11	2.8444	1.57	0.1048
오 차	777.2661	429	1.8118		
전 체	852.8972	456			

(b) 경찰서비스

구 분	s. s.	d. f.	m. s.	F	p
성 별	4.5652	1	4.5652	3.09	0.0793
연 령	13.0056	5	2.6011	1.76	0.1192
교 육	7.2360	4	1.8090	1.23	0.2990
소 득	7.0261	6	1.1710	0.79	0.5752
직 업	18.0261	11	1.6387	1.11	0.2508
오 차	619.6566	420	1.4754		
전 체	669.5156	447			

(c) 교육서비스

구 분	s. s.	d. f.	m. s.	F	p
성별	2.8034	1	2.8034	1.72	0.1902
연령	34.1465	5	6.8293	4.19**	0.0010
교육	26.8109	4	6.7027	4.12**	0.0028
소득	9.9009	6	1.6501	1.01	0.4160
직업	19.8205	11	1.8019	1.11	0.3544
오차	635.0082	390	1.6282		
전체	728.4904	417			

**$p < 0.005$

좀 더 구체적으로 교육서비스에 있어서 연령에 따른 만족의 차이는 〈표 4-14〉에서 보는 바와 같이 연령이 낮을수록 교육서비스에 불만이었으며, 연령이 높을수록 만족하는 경향을 나타내었다. 실제로 60대 이상은 교육서비스에 대한 만족의 평균점수가 3.27로 나타나 보통보다 만족하고 있는 반면, 20대 이하와 20대는 각각 5.0과 4.89의 만족 평균점수를 보임으로써 만족을 나타내었다.

〈표 4-14〉 교육서비스와 연령의 관계

교육서비스에 대한 연령별 만족의 평균					
구 분	20대 이하	20대	30대	40대	50대	60대 이상
평 균	5.0	4.89	4.5	4.31	4.36	3.27
표준편차	1.41	1.28	1.18	1.4	1.32	1.55

* 1(매우 만족) - 4(보통) - 7(매우 불만)

학력에 있어서도 교육서비스에 대한 만족에 있어 주민 간에 차이가 나타나고 있는데, 〈표 4-15〉에 의하면 학력수준이 낮을수록 교육서비스에 만족을 나타내었고 학력수준이 높을수록 불만을 나타내었다. 그러나 특이하게 대학원 이상의 학력수준을 가진 사람들이 고등학교와 대학교정도의 학력수준을 가진 사람들보다 더 만족하는 것으로 나타났고 표준편차도 다른 집단보다 가장 높았다.

<표 4-15> 교육서비스와 교육정도의 관계

교육서비스에 대한 교육정도별 만족의 평균					
구 분	초 등	중 학	고 등	대 학	대학원 이상
평 균	3.71	3.71	4.64	4.53	3.75
표준편차	1.5	1.5	1.28	1.25	1.67

* 1(매우 만족) - 4(보통) - 7(매우 불만)

이상에서 살펴본 분석결과에 따르면 주민개개인의 객관적 특성은 공공서비스의 만족에 영향을 주는 변수라고 할 수 있지만 그 설명력의 정도는 그다지 높지 않다. 또한 서비스의 유형에 있어서 교육서비스에서만 집단 간에 유의미한 설명력이 있으며, 연령과 교육정도에 한정되어 있다. 그러나 성별, 소득, 직업에 따른 집단 간 유의미한 만족의 차이는 없는 것으로 나타났다. 따라서 연구가설 2는 일부는 채택되고, 일부는 기각된다.

이러한 결과는 주민 개인의 객관적 특성이 공공서비스에 대한 주민만족에 어느 정도 영향이 있지만 그 크기는 별로 크지 않아서, 사회경제적 요인의 상관성이 약하다는 연구 결과들과 대체로 일치하고 있다. Benton과 Daly는 주민 개인의 객관적 특성이 연구자들마다 다른 결과를 가져오는 것은 이들 변수의 영향이 국부적이거나 가짜일 것이라고 결론짓기도 하였다.[4] 본 연구에서는 주민의 객관적 특성요인을 주민의 주관적 특성요인과 비교하여 좀더 구체적으로 살펴보기로 한다. 자세한 내용은 주민의 주관적 특성요인의 분석에서 다룬다.

3. 지역특성요인

(1) 지역특성요인과 주민만족

가설 3은 지역의 특성과 관련된 가설로 주민들이 거주하고 있는 지역의 특성이 서비스에 대한 만족에 영향을 미칠 것으로 가정하였다. 지역특성은 주민이 거주하는 특정 지역의 경제적 지위, 인구규모, 시의 연령으로 구분되어 수원, 고양, 제천, 속초를 선정하였다.

먼저 지역이 다름에 따라 공공서비스에 대한 주민만족에 어떤 차이가 있는지를 살펴보았다. 〈표 4-16〉에서 보는 바와 같이 쓰레기서비스에 있어서는 속초가 가장 만족하는 편이고, 수원은 상대적으로 조금 불만을 나타내었다. 경찰서비스에 있어서는 모두 불만을 나타내고 있지만 그중에서 수원이 가장 불만의 정도가 낮은 편이고 고양이 조금 높다. 교육서비스에 있어서는 고양이 상대적으로 불만족의 값이 낮고 제천의 경우가 조금 높다.

---

4) J. E. Benton and J. L. Daly, op. cit., pp.276-277.

<표 4-16> 지역에 따른 공공서비스에 대한 주민만족정도

구 분	쓰레기서비스에 대한 만족		경찰서비스에 대한 만족		교육서비스에 대한 만족	
	평 균	표준편차	평 균	표준편차	평 균	표준편차
수 원	3.89	1.57	4.61	1.18	4.43	1.27
고 양	3.98	1.29	4.81	1.20	4.34	1.27
제 천	4.05	1.22	4.65	1.15	4.69	1.32
속 초	3.82	1.35	4.75	1.29	4.54	1.14

* 1(매우 만족) - 4(보통) - 7(매우 불만)

그러나 이러한 지역 간의 만족이 유의미한 차이를 나타내지는 않았다(<표 4-17> 참조).

<표 4-17> 공공서비스에 대한 주민만족의 지역 간 차이

쓰레기서비스에 대한 만족의 지역 차이					
	s. s.	d f	m. s.	F	p
지역 간	3.8560	3	1.2853	0.69	0.5569
지역 내	875.9928	472	1.8559		
전 체	879.8487	475			
경찰서비스에 대한 만족의 지역 차이					
	s. s.	d f	m. s.	F	p
지역 간	2.8042	3	0.9347	0.64	0.5920
지역 내	678.7344	462	1.4691		
전 체	681.5386	465			
교육서비스에 대한 만족의 지역 차이					
	s. s.	d f	m. s.	F	p
지역 간	7.5630	3	2.5210	1.48	0.2199
지역 내	735.1726	431	1.9057		
전 체	742.7356	434			

다음으로는 선정된 지역특성요인이 공공서비스에 대한 만족에 어느 정도의 설명력이 있는 변수인가 분석하였다. 그러나 〈표 4-18〉에서 보듯이 지역특성요인은 Adj-R^{2}가 0% 정도로 나타나고, 통계적인 유의수준도 없어(p〉.05), 공공서비스에 대한 주민만족에 설명력이 없는 것으로 나타났다. 교육서비스에 있어서는 통계적인 유의수준이 있는 것으로 나타났지만(p=.0369), Adj-R^{2}가 역시 0% 정도로 설명력이 없다.

이러한 분석결과는 지역의 특성이 공공서비스에 대한 주민만족에 유의미한 영향요인이 될 것이라는 일반의 인식과는 아주 다른 결과를 의미한다. 그러나 Stipak, 또는 Shin이 주장한 것처럼 지역특성이 공공서비스에 대한 주민만족에 별다른 영향을 주지 못한다는 또 다른 연구 결과들과는 일치한다.[5] 따라서 지역특성의 기준에 따라 선정한 4개 지역은 1인당 지방세부담액에 의한 경제적 지위, 인구의 많고 적음, 시의 오래되고 신설됨과는 관계없이 주민들로부터 일정한 공공서비스에 대한 평가를 받고 있는 것으로 나타났다. 다시 말하면 이들 지역은 모두 쓰레기서비스에 대하여 가장 만족하는 편이었고, 경찰서비스와 교육서비스에 있어서는 불만족을 나타냈고, 그중에서도 경찰서비스에 대한 불만이 좀 더 컸다. 따라서 연구가설 3은 기각된다.

---

5) B. Stipak, (1979), op. cit., pp.46-48.: Doh C. Shin, "Subjective Indicators and Distributional Research on Public Service," *Policy Studies Journal*, Vol. 9(Summer, 1981), pp.981-989.

〈표 4-18〉 지역특성요인의 공공서비스에 대한 주민만족 설명정도

구 분	쓰레기서비스에 대한 만족		경찰서비스에 대한 만족		교육서비스에 대한 만족	
	bi	βi	bi	βi	bi	βi
지역특성	$.012^{n.s.}$	$.012^{n.s.}$	$-.032^{n.s.}$	$-.029^{n.s.}$	$.118^*$	$.100^*$
계	F=0.063 R^2=.0001 $Adj-R^2$=-.002 p=.8020		F=0.398 R^2=.0009 $Adj-R^2$=-.0013 p=.5285		F=4.381 R^2=.0100 $Adj-R^2$=.008 p=.0369	

$^*p < 0.05$

(2) 부문별 평가요인의 지역 간 차이

공공서비스에 대한 주민만족을 결정하는 부문별 평가요인에 있어 지역 간에 만족의 편차를 나타내는 변수는 5가지를 제외하고 없었다(〈표. 4-19〉 참조).

따라서 공공서비스에 대한 주민만족은 지역특성에 상관없이 특정 공공서비스에 대한 평가가 대체로 일치하고 있음을 알 수 있다. 이것은 공공서비스의 유형이 다름에도 불구하고 같은 결과를 나타내고 있어 주민들의 공공서비스에 대한 평가가 일치함을 알 수 있다. 부문별 평가요인 중에서 지역 간에 차이를 보이는 것은 첫째는 쓰레기서비스에 있어서 이익성, 둘째는 대표성, 셋째는 경찰서비스에 있어서 이익성, 넷째는 교육서비스에 있어서 이용의 용이성, 다섯째는 교육서비스에 있어서 친절성이다.

136

<표 4-19> 지역 간 차이를 보이는 부문별 평가요인

쓰레기서비스의 이익성에 대한 평가					
구 분	s. s.	d. f.	m. s.	F	p
지역 간	26.6663	3	8.8888	3.09	0.0271
지역 내	1296.4461	450	2.8810		
전 체	1323.1123	453			
쓰레기서비스의 대표성에 대한 평가					
구 분	s. s.	d. f.	m. s.	F	p
지역 간	26.5220	3	8.8407	2.94	0.0330
지역 내	1372.5998	456	3.0101		
전 체	1399.1217	459			
경찰서비스의 이익성에 대한 평가					
구 분	s. s.	d. f.	m. s.	F	p
지역 간	33.9455	3	11.3152	3.92	0.0088
지역 내	1271.3669	441	2.8829		
전 체	1305.3124	444			
교육서비스의 이용상 편리성에 대한 평가					
구 분	s. s.	d. f.	m. s.	F	p
지역 간	32.0541	3	10.6847	4.01	0.0079
지역 내	1055.1359	396	2.6645		
전 체	1087.1900	399			
교육서비스의 친절성에 대한 평가					
구 분	s. s.	d. f.	m. s.	F	p
지역 간	21.1621	3	7.0540	3.44	0.0170
지역 내	822.6799	401	2.0516		
전 체	843.8420	404			

<표 4-20> 지역 간 평가에 있어 차이의 정도

쓰레기서비스의 이익성에 대한 평가		
구 분	평 균	표준편차
고 양	4.18	1.64
수 원	3.75	1.86
속 초	4.25	1.56
제 천	4.41	1.71
쓰레기서비스의 대표성에 대한 평가		
고 양	4.11	1.64
수 원	3.88	1.91
속 초	4.42	1.70
제 천	4.45	1.65
경찰서비스의 이익성에 대한 평가		
고 양	3.59	1.70
수 원	3.80	1.74
속 초	4.15	1.80
제 천	3.42	1.54
교육서비스의 이용상 용이성에 대한 평가		
고 양	3.24	1.57
수 원	3.91	1.80
속 초	3.70	1.51
제 천	3.96	1.63
교육서비스의 친절성에 대한 평가		
고 양	3.51	1.35
수 원	3.83	1.46
속 초	4.15	1.47
제 천	3.76	1.44

* 1(매우 만족) - 4(보통) - 7(매우 불만)

<표 4-20>에서 보아 알 수 있듯이 수원시의 주민들은 수원시의 쓰레기 정책이 주민들에게 이익이 되도록 실시되고 있다고 생각하고 있는 반면, 제천시의 주민들은 시의 쓰레기정책에 불만을 나타내고 있음을 알 수 있다. 쓰레기수거에 있어 주민의 의견이 반영되는가의 여부에 대해서도 수원시의 주민들이 가장 좋은 만족도를 나타내고 있으며, 제천시의 주민들은 가장 주민들의 의견이 반영되지 않는 것으로 생각하고 있었다.

다음으로 경찰서비스에 대한 이익성을 의미하는 범죄피해 후에 신고하는 것이 신고하지 않는 것보다 도움이 된다고 생각하느냐는 평가에서도 지역 간에 차이를 보이고 있다. 제천시의 주민들이 가장 많이 신고하는 것이 도움이 된다고 평가한 반면 속초시의 주민들은 신고가 도움이 되지 않는다고 평가하였다.

교육서비스에 있어서는 이용의 용이성을 알아보기 위해서 집에서 학교까지 걸리는 평균시간이 길고 짧음에 대한 응답에 차이가 있었다. 고양시의 경우가 집에서 학교까지의 거리가 가장 짧은 것으로 나타났으며, 제천시의 경우가 가장 먼 것으로 나타났다. 교육서비스의 친절성 중에서 선생님의 친절성에 대한 평가에 있어서는 고양이 가장 만족하였고 속초가 가장 불만으로 나타났다.

특별히 <표 4-16>에서 볼 수 있듯이 지역 간 차이를 보이는 부문별 평가요인과 비교해보면 주민들의 평가가 일치함을 알 수 있다. 즉 앞의 분석에 따르면 쓰레기서비스에 있어서는 상대적으로 수원시의 주민들이 가장 만족하며, 제천시의 주민들이 불만이다. 경찰서비스에 있어서는 제천시의 주민들이 만족하며 속초시의 주민들이 불만이다. 교육서비스에 있어서는 고양시의 주민들이 만족하며 속초시의 주민들은 불만이다. 이 결과들과 <표 4-20>을 살펴보면 대체로 같은 평가를 보이고 있음을 알 수 있다. 이와 같은 결론은 지역에 상관없이 공공서비스에 대한 평가가 지역주민 간에 차이가 없다는 Lovrich와 Taylor의 연구 결과와 일치한다. 두 학자는 평균 연간 가족소득과 같은 지역의 특성이 주민만족에 영향을 미치지는 않지만, 그 지역에 부여된 공공서비스가 훌륭했나 미흡했나에 대한 평가는 지역주민 사이에 일치하고 있다고 주장[6] 했는데, 본 연구의 결과도 이 주장과 같았다.

지역특성은 새로이 대두되고 있는 정부에 대한 회의주의(cynicism)와도 연관된다.[7] 주민의 회의주의에 대해 연구하는 학자들은 일반적으로 부유한 주민들과 높은 경제성장률을 가진 시는 이러한 요소들이 없는 시보다 시민들의 회의주의 수준이 낮은데, 이러한 상태들이 정부 서비스의 더 높은 수준을 부여하기 때문이라는 것과 규모가 작은 시는 시민들의 회의주의 수준이 낮은데 이것은 공무원과 시민 사이의 더 큰 참여와 직접적 커뮤니케이션을 허용하기 때문이라고 주장하고 있다. 그러나 본 연구 결과는 이러한 회의주의의 주장을 뒷받침하지 못하고 있다.

요컨대 지역특성이 공공서비스에 대한 주민만족에 별다른 영향을 주지 않는다는 것은, 주민들에게 있어 공공서비스에 대한 경험이 특정 도시 내에서는 광범위하게 단일하다는 Benton과 Daly의 주장[8]과 일치하기 때문인 것으로 보인다. 그러나 본 연구는 선정 지역이 4개에 한정되어 있는데, 앞으로의 연구에서는 더 광범위한 지역을 연구 대상으로 분석해 보는 것이 필요하다고 본다.

---

6) N. P. Lovrich and T. G. Taylor, op. cit., pp.214-215.
7) Evan M. Berman, Dealing with Cynical Citizens, *Public Administration Review*, Vol. 57, No.2(March/April, 1997), pp.105-112.
8) J. E. Benton and J. L. Daly, op. cit., pp.276-277.

4. 객관적 서비스 전달 상태요인

가설 4는 객관적 서비스 전달 상태와 관련된 가설이다. 객관적 서비스 전달 상태란 특정 지역에서 제공하는 공공서비스에 투입된 인력, 장비, 시설, 예산 등을 의미한다. 이러한 객관적인 서비스 전달 상태는 지역마다 어느 정도 차이가 있을 것이고, 이 차이가 공공서비스에 대한 주민만족에 영향을 미칠 것으로 가정하였다. 그러나 〈표 4-21〉에서 볼 수 있듯이 이 변수들은 서비스의 유형에 관계없이 통계적으로 유의미하지 않고($p > .05$), $Adj-R^2$도 0%에 가까와 설명력이 없는 것으로 나타났다.

〈표 4-21〉 객관적 서비스 전달 상태의 주민만족의 설명정도

구 분	쓰레기서비스에 대한 만족		경찰서비스에 대한 만족		교육서비스에 대한 만족	
	bi	βi	bi	βi	bi	βi
객관적 서비스 전달 상태	$-.004^{n.s.}$	$-.695^{n.s.}$	$-.032^{n.s.}$	$-.101^{n.s.}$	$-.003^{n.s.}$	$-.070^{n.s.}$
계	$F=0.576$ $R^2=.0049$ $Adj-R^2=.0036$ $p=.6805$		$F=0.748$ $R^2=.0064$ $Adj-R^2=.0022$ $p=.5600$		$F=1.240$ $R^2=.0114$ $Adj-R^2=.0022$ $p=.2933$	

분석의 정확성을 기하기 위해 앞에서 밝혀진 공공서비스에 대한 주민만족에 영향을 미치는 요인으로 검증된 부문별 평가요인과 객관적 서비스 전달 상태요인들을 회귀분석하였다. 이것은 비록 객관적 서비스 전달 상태가 전체적인 주민만족에는 유의미한

설명력이 없다고 할지라도 주민만족의 실질적인 평가요인이 되는 특정 부문과는 유의미한 관계가 도출될 수도 있기 때문에 실시되었다. 이러한 의미에서 본 연구에서는 부문별 평가요인을 검정요인(test factor)이라고 하였다(〈분석틀〉 참조). 그러나 이에 대해서도 〈표 4-22〉에서 알 수 있듯이 객관적인 서비스 전달 상태가 서비스의 유형과는 관계없이 공공서비스에 대한 주민만족에 유의미한 설명을 하지 못하고 있다($Adj-R^2$가 모두 0에 가깝게 나타나고 있다). 따라서 가설 4는 기각된다.

<표 4-22> 객관적 서비스 전달 상태와 공공서비스에 대한 주민만족

(a) 쓰레기서비스

설 명 변 수	쓰레기서비스에 대한 만족	
	bi	βi
1. 이익성에 대한 만족		
배출량(톤/일)/인구 천 명당	-.004	-.502
배출량(톤/일)/면적당	-.0007	-.049
수거원수/인구 천 명당	.007	.388
Adjusted R^2 =.0114　　　F=2.311　　p〈0.0567		
2. 신속성에 대한 만족		
배출량(톤/일)/인구 천 명당	.003	.498
배출량(톤/일)/면적당	.002	.208
수거원수/인구 천 명당	-.008	-.543
Adjusted R^2 =.004　　　F=1.466　　p〈0.2115		
3. 책임성에 대한 만족		
배출량(톤/일)/인구 천 명당	.0014	.189
배출량(톤/일)/면적당	.0009	.067
수거원수/인구 천 명당	-.0031	-.182
Adjusted R^2 = -.0063　　　F=0.284　　p〈0.8886		
4. 선택성에 대한 만족		
배출량(톤/일)/인구 천 명당	-.0078	-.9450
배출량(톤/일)/면적당	-.0031	-.2025
수거원수/인구 천 명당	.0196	.990
Adjusted R^2 =.0009　　　F=1.106　　p〈0.3532		

(b) 경찰서비스

설 명 변 수	경찰서비스에 대한 만족	
	bi	βi
1. 책임성에 대한 만족		
범죄발생건/인구 천 명당	-.1044	-.263
범죄발생건/면적당	.0006	2.710
범죄검거건/인구 천 명당	-.0008	-2.982
Adjusted R^2＝.0093　　F＝2.048　　p＜0.0868		
2. 선택성에 대한 만족		
범죄발생건/인구 천 명당	-.063	-.1564
범죄발생건/면적당	.00019	.088
범죄검거건/인구 천 명당	-.00006	-.242
Adjusted R^2＝.0013　　F＝1.141　　p＜0.3366		
3. 친절성에 대한 만족		
범죄발생건/인구 천 명당	-.076	-.183
범죄발생건/면적당	.00035	1.593
범죄검거건/인구 천 명당	-.00047	-1.774
Adjusted R^2＝.0035　　F＝1.386　　p＜0.2378		
4. 신뢰성에 대한 만족		
범죄발생건/인구 천 명당	-.094	-.2213
범죄발생건/면적당	.0005	2.390
범죄검거건/인구 천 명당	-.0007	-2.567
Adjusted R^2＝.0056　　F＝1.637　　p＜0.1637		

(c) 교육서비스

설 명 변 수	교육서비스에 대한 만족	
	bi	βi
1. 책임성에 대한 만족		
학생수/인구 천 명당	-.0000237	-.750
학생수/면적당	-.008	-.161
학교수/인구 천 명당	.0009	.831
Adjusted R^2=.0026 F=1.258 p〈0.286		
2. 신뢰성에 대한 만족		
학생수/인구 천 명당	-.000011	-.4143
학생수/면적당	-.0048	-.1063
학교수/인구 천 명당	.000949	.4868
Adjusted R^2=-.0044 F=0.542 p〈0.705		
3. 선택성에 대한 만족		
학생수/인구 천 명당	-.00	-.082
학생수/면적당	-.005	-.115
학교수/인구 천 명당	.0001	.110
Adjusted R^2=.0006 F=1.055 p〈0.3783		
4. 불만건의에 대한 만족		
학생수/인구 천 명당	-.00	-1.1514
학생수/면적당	-.0028	-.0521
학교수/인구 천 명당	.0014	1.1887
Adjusted R^2=-.0053 F=0.475 p〈0.7540		

공공서비스의 객관적 전달 상태가 공공서비스에 대한 주민만족에 어떠한 영향을 주며, 주민들은 공공서비스의 객관적 전달 상태를 어느 정도 인지하고 있는가는 본 연구의 주된 관심 중의 하나이다. 기존의 외국 이론들이 이 부분에 있어서 철저하게 양분되는 연구 결과를 주장하고 있다는 것은 이미 이론적 배경 부분에서 살펴본 바와 같다. 그러나 한국의 연구에 있어서는 이에 대한 논의가 전혀 이루어지고 있지 않아서 이에 대한 관심과 노력이 필요하다고 본 것이다.

본 연구의 분석결과에 따르면 주민들의 공공서비스에 대한 만족과 공공서비스의 객관적 전달 상태는 전혀 독립적인 것으로 나타났다. 이러한 연구 결과는 공공서비스에 대한 주민만족의 수준은 주민들에게 실제적으로 제공된 공공서비스의 질과 양을 반영한다는 연구 주장들과는 매우 다른 것이다.[9] 그러나 본 연구가 분석틀을 원용하고 있는 Brown과 Coulter의 연구 결과와는 거의 완전하게 일치하고 있다. 두 학자는 객관적 서비스 전달 상태가 공공서비스에 대한 주민만족에 영향을 미치지 않는 가장 중요한 이유는, 주민들이 주관적 공공서비스 기대를 통해 객관적 공공서비스 상태를 해석하기 때문이라고 결론내리고 있다.[10]

이에 대해 Stipak은 공공서비스의 객관적 전달 상태에 대해 주민

---

9) 선행연구에서도 살펴보았지만 DeHoog 등은 제공된 서비스의 실제적인 질이 주민만족과 연관된다고 경험적인 분석을 통해 주장하고 있다. 그러나 이 연구에서는 그들 스스로도 인정하고 있지만, 제공된 서비스의 실제적인 질을 "서비스가 매우 좋음, 좋음, 보통, 빈약하게 제공되었는가?"라고 주민들에게 묻는 대리지표를 사용하고 있다는 문제가 제기된다. R. H. DeHoog and D. Lowery and W. E. Lyons, op. cit., pp.819-823.

10) K. Brown and P. B. Coulter, op. cit., p.57.

들이 크게 인지하고 있지 않는 이유는 공공서비스의 질이 어떤 적정한 범위 내에 있는 동안은(〈그림 4-1〉에서 Ⓑ부분을 의미) 그러한 공공서비스에 주민들이 거의 주의를 기울이지 않기 때문이라고 설명하고 있다. 다시 말하면 특정 공공서비스가 주민들이 인지할 수 있을 정도로 열악하게 제공되거나 혹은 아주 우수하게 제공되지 않는 한(그림에서 Ⓐ와 Ⓒ부분을 의미) 공공서비스의 전달 상태가 주민만족에 특별한 영향을 주지는 않는다는 것이다. 그는 이것을 그림으로 설명하고 있는데, 다음 〈그림 4-1〉과 같다.[11]

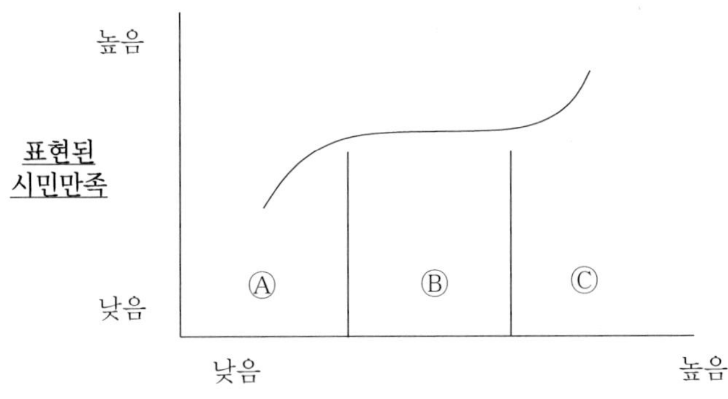

〈그림 4-1〉 표현된 시민만족과 서비스 질의 관계

이와 비슷하게 Antunes과 Plumlee는 주로 흑인이 거주하는 지역과 주로 백인이 거주하는 지역에서 도로의 포장이 어느 정도로 거칠게 인지되고 있는가에 대한 연구에서 인종과 지역 간에 객관적 서비스 전달 상태에 대해 통계적으로 유의미하게 인지되는 차

---

11) B. Stipak, (1979), op. cit., p.48.

이가 없다는 것을 발견하였다.[12] Mladenka와 Hill는 주민들의 수입이 좋은 지역에 위치한 공원이 주민들이 사용하기에 더 유용한 시설을 갖지는 않았다고 주장하였다.[13]

요컨대 우리나라에 있어서 객관적 서비스 전달 상태가 주민만족에 특별한 영향을 미치지 않고 있다는 결과는 전통적으로 중앙집권적인 정부형태를 추구해온 행정환경과 무관하지 않을 것으로 보인다. 결국 중앙에서 배분되는 획일적인 공공서비스의 제공이 주민들에게 자신이 거주하는 지역의 공공서비스에 대한 수준에 관심과 기대를 유도하지 못했다고 볼 수 있다. 그러나 주민들이 공공서비스에 대해 관심과 기대를 갖지 않는다면 그러한 공공서비스는 무가치한 것이 될 수 있다. 필요로 되고 원해지는 것들이 수요가 되기 때문이다.[14] 따라서 주민들이 자신의 지역에 있어 공공서비스의 객관적인 전달 상태에 관심을 가지도록 유도하는 정책과 장치들이 필요할 것이다.

이러한 결과는 앞에서도 언급했지만 많은 정책적 시사점을 제공해 줄 수 있다고 본다. 공공서비스에 대한 우리나라의 기존 연구들은 공공서비스에 대한 평가를 함에 있어 주민의 주관적인 평가보다는 객관적인 서비스 전달 상태를 통한 평가에 치중해 왔는데 앞으로는 주민의 주관적인 평가에 더 관심과 노력을 기울여야 할 것으로 보인다. 주민평가라는 것이 많은 시간과 노력, 세심하고 정확한 연구가 요구되는 분야이지만 행정의 효과성과 대응성을 향상시키기 위해서는 필수불가결의 분야임은 이미 살펴본 바와

---

12) G. E. Antunes and J. P. Plumlee, op. cit., pp.318-319.
13) K. R. Mladenka and K. Q. Hill, op. cit., pp.77-79.
14) Christine Morrison, "Consumerism-Lessons From Community Work," *Public Administration*, Vol. 66, (Summer, 1988), pp.205-213.

같다. 따라서 이에 대한 다양한 평가기준과 평가방법들이 개발되
어야 할 것이다.

5. 주민의 주관적 특성요인

가설 5는 주민개개인이 가지는 주관적인 여러 가지의 태도나
심리상태가 공공서비스에 대한 만족에 영향을 미칠 것이라고 가
정하였다. 주민의 주관적 특성을 측정하기 위해서 정치적 태도, 서
비스에 대한 경험, 서비스에의 기대, 정부의 비용·편익에 대한 평
가를 측정지표로 삼았다.
이와 같은 주민의 주관적 특성은 공공서비스에 대한 만족을 어
느 정도나 설명하고 있는지를 분석한 결과 〈표 4-23〉에서 보는
바와 같이 이들 요인은 서비스의 유형에 관계없이 공공서비스에
대한 만족을 60% 이상 설명하고 있음을 알 수 있다.

<표 4-23> 주민의 주관적 특성과 주민만족의 설명정도

구　분	쓰레기서비스에 대한 만족	경찰서비스에 대한 만족	교육서비스에 대한 만족
정치적 태도	$F=5.136^{**}$ $R^2=.042$ $Adj-R^2=.034$	$F=6.151^{**}$ $R^2=.051$ $Adj-R^2=.043$	$F=9.833^{***}$ $R^2=.085$ $Adj-R^2=.076$
서비스에의 경험	$F=3.281^{*}$ $R^2=.014$ $Adj-R^2=.010$	$F=1.682n.s.$ $R^2=.068$ $Adj-R^2=.028$	$F=2.553n.s.$ $R^2=.012$ $Adj-R^2=.007$
서비스에의 기대	$F=306.623^{***}$ $R^2=.565$ $Adj-R^2=.563$	$F=340.587^{***}$ $R^2=.597$ $Adj-R^2=.595$	$F=372.400^{***}$ $R^2=.633$ $Adj-R^2=.632$
정부 비용·편익평가	$F=21.510^{***}$ $R^2=.084$ $Adj-R^2=.080$	$F=3.720^{*}$ $R^2=.016$ $Adj-R^2=.012$	$F=11.443^{***}$ $R^2=.050$ $Adj-R^2=.046$
전　체	$F=68.194^{***}$ $R^2=.604$ $Adj-R^2=.595$	$F=14.463^{***}$ $R^2=.723$ $Adj-R^2=.673$	$F=69.364^{***}$ $R^2=.631$ $Adj-R^2=.622$

$^{*}p<0.05$　$^{**}p<0.005$　$^{***}p<0.0001$

구체적으로 이 변수들은 공공서비스에 대한 전반적인 주민만족과 어느 정도로 어떻게 연관성이 있는가를 살펴본 결과는 <표 4-24>와 같다.

<표 4-24> 주민의 주관적 특성과 공공서비스에 대한 만족

구 분			쓰레기서비스에 대한 만족		경찰서비스에 대한 만족		교육서비스에 대한 만족	
			bi	βi	bi	βi	bi	βi
정치적 태 도	정치적 효율성	정치에의 관심	.078*	.092*	.095*	.130*	.077**	.096**
		불평의 유효성	.164***	.187***	.142***	.183***	.218***	.261***
	시정부 평가	정치 복잡성	-.024[n.s.]	-.031[n.s.]	.041[n.s.]	.060[n.s.]	-.012[n.s.]	-.016[n.s.]
		정부에 의견제시	.068*	.088*	.086*	.124*	.139***	.184***
서비스에의 경험		경험정도[a]	.083*	.114*	-.277* -.382*	-.098* -.216*	.274*	.107*
		거주기간	-.156[n.s.]	-.064[n.s.]	-.007[n.s.]	-.011[n.s.]	.014[n.s.]	.020[n.s.]
서비스에 대한 기대		기 대	.713***	.751***	.759***	.770***	.780***	.796***
		생활여건	-.041[n.s.]	-.015[n.s.]	.253*	.109*	.224[n.s.]	.087[n.s.]
정부 비용·편익평가		세금 효율성	.254***	.278***	.095*	.118*	.176***	.204***
		부가 과세의사	.080**	.118**	.032[n.s.]	.053[n.s.]	.079**	.123**

*p < 0.05 **p < 0.005 ***p < 0.0001
a): 서비스에의 경험에서 경찰서비스의 경우는 범죄피해유무와 범죄피해정도

분석결과에 의하면, 먼저 정치에 대한 관심, 공무원에게 불평을 말하는 경우 처리되는 정도로 측정한 정치적 효율성은 서비스의 유형과 관계없이 강하게 만족과 유의미하게 연관되어 있는 것으로 나타났다. 그러나 정치와 행정의 복잡성 정도는 만족과 연관되지 않았으며, 정부에 자신의 의견을 제시하는 여부는 경찰서비스와 연관되고, 교육서비스와는 강하게 연관됨을 알 수 있다.

서비스에의 경험은 쓰레기서비스에 있어서 수거횟수정도와 연

관되는 것으로 나타났다. 경찰서비스에 있어서는 경찰과의 접촉유무나 일처리여부와는 관계없이 범죄피해유무나 범죄피해정도와 연관되어 있었으며, 부의 관계가 나타남으로써 범죄피해유무나 범죄피해정도는 만족과 반비례임을 알 수 있다. 교육서비스에 있어서는 피교육자녀의 유무가 설명력이 있는 것으로 나타났다. 그러나 거주기간은 서비스의 유형과 관계없이 유의미하지 않게 나타났다.

서비스에 대한 기대는 가장 만족에 설명력이 높은 변수임을 알 수 있다. 이러한 결과는 서비스의 유형과 상관없이 모두 두드러지게 높은 것으로 나타났는데, 여기서 알 수 있는 것은 주민들은 자신들의 기대를 바탕으로 공공서비스에 대한 만족을 평가하고 있다는 것이다. 즉 주민들은 그들의 기대만큼 공공서비스가 제공되면 전반적으로 만족하지만 이것은 바꾸어 말하면 주민들의 기대만큼 공공서비스가 제공되지 못하면 주민들의 불만이 클 것이라는 것을 의미하므로 정부와 정책담당자는 항상 주민들의 기대가 무엇이고 어느 정도인지를 알아야 한다는 것을 시사한다. 이렇게 다른 설명변인들보다 서비스에 대한 기대가 만족에의 설명력이 높게 나타나는 것은, 실제로 기대가 서비스의 다른 조건들보다 만족의 정도를 설명하는 힘이 3배나 된다는 Gauthier의 경험적인 선행연구에서도 밝혀져 있다.[15] 그러나 기대의 설명력이 너무 커서 연구 결과를 왜곡시킬 수도 있음을 고려하여 기대변수를 빼고 분석을 해 보았다. 하지만 그 결과 역시 주민의 주관적 특성은 공공서비스에 대한 만족에 설명력이 있는 것으로 나타났다(쓰레기서비스의 경우: F=6.307, p=.0001, R^2=.1122/경찰서비스의 경우:

---

15) B. Gauthier, op. cit., pp.229-254.

F=2.239, p=.0265, R^2=.2653/교육서비스의 경우: F=5.528, p=.0001, R^2=.1089). 이러한 분석결과에 따르면 연구가설 5는 채택된다.

다음으로 앞에서 밝혀진 공공서비스에 대한 주민만족에 영향을 미치는 요인으로 검증된 부문별 평가요인과 주민의 주관적 특성 요인들을 회귀분석하였다(객관적 서비스 전달 상태의 분석 참조). 이것은 주민의 주관적 특성요인들이 주민만족의 실질적인 평가요 인이 되는 특정 부분과 어느 정도로 유의미한 관계가 있는지를 설명할 수 있기 때문이다.

분석은 주민들의 공공서비스에 대한 만족의 정도를 가장 잘 설 명해 준다고 선정된 부문별 평가요인을 종속변수로 하고, 이미 설 명력이 있는 것으로 나타난 개인의 객관적인 특성과 주관적인 특 성들을 함께 묶어 독립변수로 하여 단계투입법의 다중회귀분석을 실시하여 서비스의 유형에 따라 살펴보았다.

(1) 쓰레기서비스

〈표 4-25〉에서 보는 바와 같이 쓰레기서비스에 있어서는 주민 의 객관적인 특성 중에서 소득과 직업이 신속성에 대한 만족에 설명력이 있는 것으로 나타났고, 교육은 책임성에 그리고 연령은 선택성에 대한 만족에 영향을 미치는 것으로 나타났다. 즉 소득이 높고, 비재택근무자일수록 쓰레기수거가 신속하게 이루어지지 않 는다고 느끼고 있었으며, 쓰레기수거가 다양하게 이루어지는 것이 중요한 것이라고 응답한 주민일수록 연령층이 낮았다.

<표 4-25> 주민의 특성과 쓰레기서비스에 대한 만족요인

설명변수	bi	βi
1.이익성에 대한 만족		
지역정치에의 관심	-.094*	-.090*
불평의 유효성	.184***	.164***
세금의 효율성	.191***	.167***
서비스에의 기대	.538***	.453***
$R^2=.33$ Adj$-R^2=.32$　　F$=52.378$　　p$=0.0001$		
2.신속성에 대한 만족		
정치의 복잡성	-.067	-.081
수거횟수정도	.108**	.144**
서비스에의 기대	.402***	.403***
소　득	-.099*	-.099*
거주기간	.074*	.097*
직　업	.273*	.097*
$R^2=.23$ Adj$-R^2=.22$　　F$=21.549$　　p$=0.0001$		
3.책임성에 대한 만족		
서비스에의 기대	.533***	.457***
교육정도	.265*	.108*
생활정도	-.212	-.062
$R^2=.23$ Adj$-R^2=.23$　　F$=42.912$　　p$=0.0001$		
4.선택성에 대한 만족		
정치의 복잡성	-.098*	-.089*
세금의 효율성	.184**	.143**
정부에의 의견제시	.090*	.092*
접촉횟수	.090*	.091*
서비스에의 기대	.528***	.393***
연　령	-.079*	-.079*
$R^2=.26$ Adj$-R^2=.25$　　F$=25.001$　　p$=0.0001$		

*p<0.05　**p<0.005　***p<0.0001

공공서비스에 대한 만족에 가장 설명력이 높은 것으로 나타난 서비스에의 기대에 대한 간접적인 측정지표로 주민이 주관적으로 인지하는 자신의 생활여건수준과 부문별 평가요인과의 관계를 살펴보면 부의 관계가 나타나고 있다. 즉, 자신의 경제적 생활여건이 하위에 속한다고 생각하는 주민일수록 기대가 크다는 것을 나타내지만 유의미한 설명력을 보이지 않았다. 그에 비해 객관적인 평가기준이라고 할 수 있는 한 달 평균 소득은 유의미한 설명력을 나타내고 있음을 알 수 있다.

또한 살고 있는 지역의 정부가 자신들이 내는 세금을 효율적으로 쓰고 있느냐의 평가가 쓰레기서비스에 대한 주민만족에 또 다른 큰 영향을 미치는 변수임을 알 수 있다. 이 요인은 이익성, 책임성, 선택성에 있어서는 가장 큰 설명력을 가지며, 신속성에 있어서도 두 번째의 설명력을 나타내고 있다. 이것은 도시정부에 대한 비용·편익평가가 주민만족수준을 예측하는 데 있어 가장 본질적인 요소가 된다고 주장한 Fitzgerald와 Durant의 연구와 일치한다.16) 이 외에도 공무원에게 불만사항을 말하면 잘 처리된다고 생각하는 주민이나 정부에 자신의 의견을 제시하는 주민일수록 쓰레기서비스에 만족하고 있음을 알 수 있다.

(2) 경찰서비스

경찰서비스에 대한 만족에 영향을 미치는 독립변수들은 〈표 4-26〉에서 볼 수 있듯이 다양하게 나타나고 있다. 먼저, 개인의 객관적 특성 중에서는 성별이 책임성과 연관되어 설명력이 높고, 소

---

16) M. R. Fitzgerald and R. F. Durant, op. cit., p.591.

득은 책임성, 선택성, 친절성, 신뢰성 모두에 영향을 미치고 있음
을 알 수 있다.

〈표 4-26〉 주민의 특성과 경찰서비스에 대한 만족요인

설명변수	bi	βi
1. 책임성에 대한 만족		
지역정치에의 관심	-.207	-.201
경찰과의 접촉경험	.627*	.252*
범죄피해경험	-.780**	-.371**
서비스에의 기대	.833***	.631***
성 별	.104*	.224*
생활정도	-.920*	-.276*
소 득	-.409**	-.366**
$R^2 = .49$ Adj$-R^2 = .44$　　F$=8.720$　　p$=0.0001$		
2. 선택성에 대한 만족		
정치의 복잡성	-.298**	-.322**
불평의 유효성	.138	.140
정부에의 의견제시	.174*	.205*
경찰과의 접촉경험	-.497*	-.222*
범죄피해경험	-.429*	-.227*
서비스에의 기대	.418*	.353*
소 득	.167	.168
$R^2 = .53$ Adj$-R^2 = .47$　　F$=9.989$　　p$=0.0001$		
3. 친절성에 대한 만족		
정부에의 의견제시	-.058	-.166
서비스에의 기대	.612***	.462***
소 득	.385**	.337**
$R^2 = .35$ Adj$-R^2 = .32$　　F$=12.068$　　p$=0.0001$		
4. 신뢰성에 대한 만족		
정부에의 의견제시	.244*	.238*
범죄피해경험	-.665*	-.289*
서비스에의 기대	.345*	.239*
소 득	.300*	.239*
$R^2 = .39$ Adj$-R^2 = .35$　　F$=10.395$　　p$=0.0001$		

*$p < 0.05$ **$p < 0.005$ ***$p < 0.0001$

경찰서비스에서는 서비스에의 경험을 거주기간과 경찰관과의 접촉유무와 접촉횟수정도, 피해경험유무와 피해경험정도로 측정하였는데, 접촉유무와 피해경험의 유무는 가변수로 처리하였다. 분석 결과, 범죄피해경험이 많을수록 불만을 나타내고 있으며, 생활수준이 낮을수록 경찰관들의 책임의식에 호의적임을 알 수 있다.

공무원에게 불평을 제기하면 잘 처리된다고 생각하는 주민들과, 정부에 자신의 의견을 말하는 사람일수록 경찰서비스가 다양하게 제공되고 있다고 생각하고 있었다. 경찰과의 접촉경험은 책임성과는 정의 설명력을 선택성과는 부의 설명력을 나타내고 있음을 알 수 있다. 세금의 효율성 평가는 경찰서비스에도 영향을 미치고 있는데 주민들은 자신들이 내는 세금이 공공서비스의 개선을 위해 투입되기를 바라고 있음을 알 수 있다.

또한 서비스에의 기대는 부문별 평가요인 모두를 높게 설명하고 있다. 대체적으로 경찰서비스에 대한 주민의 만족은 다양한 객관적이고 주관적인 주민 개인의 특성과 연관되어 있음을 알 수 있다.

(3) 교육서비스

교육서비스에 대해서는 현재 자신의 가족 중에 초·중·고 교육을 받고 있는 사람이 있는 경우 서비스 경험과 직접적이고 밀접하게 관련되어 있을 것으로 생각하여 피교육자가 있는지의 유무를 묻고 가변수로 처리하였다. 그러나 분석의 결과에서 나타나듯이(〈표 4-27〉 참조), 피교육자의 유무는 교육서비스에 대한 부문별 평가와 유의미한 관계가 없는 것으로 나타났다.

모든 부분에 있어서 서비스에의 기대가 가장 큰 설명력을 나타내고 있으며, 정부가 세금을 효율적으로 사용한다고 생각하는 주민일수록 교육서비스의 제공자들이 책임성이 있다고 생각함을 알 수 있다.

<표 4-27> 주민의 특성과 교육서비스에 대한 만족요인

설명변수	bi	βi
1. 책임성에 대한 만족		
불평의 유효성	.096	.090
세금의 효율성	.109*	.098*
피교육자 유무	.255	.774
서비스에의 기대	.598***	.480***
$R^2 = .30$ Adj$-R^2 = .30$ F$=40.389$ p$=0.0001$		
2. 신뢰성에 대한 만족		
피교육자 유무	.212	.070
서비스에의 기대	.620***	.541***
$R^2 = .30$ Adj$-R^2 = .30$ F$=82.176$ p$=0.0001$		
3. 선택성에 대한 만족		
세금의 효율성	.118	.123
정부에의 의견제시	.097*	.112*
서비스에의 기대	.465***	.430***
성 별	-.197	-.069
연 령	-.261**	-.068**
생활정도	.205	.071
$R^2 = .30$ Adj$-R^2 = .29$ F$=25.818$ p$=0.0001$		
4. 불만처리장치에 대한 만족		
세금의 효율성	-.124*	-.104*
정부에의 의견제시	-.150**	-140**
서비스에의 기대	.573***	.424***
소 득	-.101	-.078
$R^2 = .21$ Adj$-R^2 = .20$ F$=23.789$ p$=0.0001$		

*p $<$ 0.05 **p $<$ 0.005 ***p $<$ 0.0001

또한 정부에 자신의 의견을 말하는 사람일수록 다양한 교육서비스가 제공된다고 생각하고 있었으나, 연령이 낮을수록 이와는 반대의 생각을 나타내고 있음을 알 수 있다. 세금의 효율성에 대한 평가와 정부에 자신의 의견을 말하는 의견제시의 경우는 불만처리장치에 대한 만족에 부의 설명력을 보이고 있다.

전체적으로 주민들은 거주하고 있는 지역의 정부와 정치에 관심이 있으며, 지역공무원에게 불평사항을 말하면 조금 불만스럽게 처리된다고 평가하였다. 또한 정치와 행정은 복잡하다고 생각하고 있었으며, 거주하는 지역에서 지불하는 세금만큼 공공서비스가 제공되지 않는다는 응답이 많았다. 그러나 공공서비스의 개선을 위해서는 지금보다 세금을 더 내지 않겠다는 응답이 많다. 또한 주민들은 거주지역의 정부에 자신의 의견을 말하지 않는다는 응답이 많았는데, 그 이유는 〈표 4-28〉에서 보듯이, 말해도 반영되지 않는다가 가장 많았으며(34.1%), 말하려면 절차가 번거로워서라는 응답이 두 번째로 많았다(30.4%). 또한 어느 곳에 말할지 몰라서(11.1%), 귀찮아서(9.3%), 내용을 모르기 때문에(9.1%)도 많았다.

〈표 4-28〉 지역정부에 의견을 말하지 않는 이유

지역정부에 자신의 의견을 말하지 않는 이유는 무엇입니까?	응답자수 (명)	응답비율 (%)
1. 말해도 반영되지 않아서	152	34.1
2. 말하려면 절차가 번거로워서	137	30.4
3. 어느 곳에 말할지 몰라서	50	11.1
4. 귀찮아서	42	9.3
5. 내용을 모르기 때문에	41	9.1
6. 전혀 관심이 없음	15	3.3
7. 잘 처리되고 있어서	12	2.7
계	451	100.0

이러한 분석결과에 따르면 주민들은 정치에 관심이 있으면서도 지역정부에 자신의 의견을 제시하지는 않고 있는데, 이것은 불평사항을 말하면 잘 처리되지 않고 자신의 의견을 말해도 반영되지 않는다고 생각하고 있기 때문으로 나타났다. 따라서 도시정부는 주민들이 불평사항을 말할 수 있는 제도와 장치를 마련하고, 제기된 주민의 의견은 반드시 처리하도록 해야 할 것으로 보인다. 또한 처리된 결과를 주민들에게 즉시 알려주는 것도 요구된다. 아울러 주민들은 정치와 행정이 복잡하다고 생각하고 있으며, 정부에 의견제시 절차가 번거롭고, 의견을 제시하고 싶어도 내용을 잘 모른다고 응답하고 있는데, 도시정부는 주민들이 쉽게 접근할 수 있도록 홍보와 정보제공, 절차의 간소화에 더 많은 노력을 기울여야 할 것으로 보인다.

주민들은 정부의 비용·편익평가에 상당히 부정적이며, 앞으로의 공공서비스의 개선을 위해서 더 세금을 내지는 않겠다고 응답하고 있다. 정부의 비용·편익평가는 공공서비스에 대한 주민만족에 상당히 강한 영향을 미치고 있는 것으로도 나타났는데 이것은 도시정부가 주민들의 세금을 더 효율적으로 관리하는 방안을 계속 강구하여 주민들의 불신을 불식시키는 것이 앞으로의 과제임을 알 수 있다. 주민들은 더 많은 공공서비스를 원하면서도 부가적인 세금을 원치 않는다는 결과는 기존의 연구 결과와도 일치하고 있다. 따라서 도시정부는 세금의 효율적 사용과 더불어 세금을 통한 공공서비스의 향상이 가능하다는 것을 주민들에게 인식시키는 노력이 요구된다.

제4절 공공서비스의 유형에 따른 종합적 평가와 대응방안

본 연구에서는 공공서비스가 수행하는 사회적 기능에 따라 일상적 서비스, 보호적 서비스, 발전적 서비스, 사회적 최저수준 서비스로 구분하여 주민만족에 어떠한 차이가 있는지를 살펴보았다. 다음에서는 이제까지 논의된 분석결과 중에서 이러한 서비스의 유형에 따라 유의미한 차이를 보이는 내용은 어떤 것인지를 종합적으로 살펴보고 공공서비스에 대한 주민만족의 향상방안을 모색해 보고자 한다.

1. 일상적 서비스

일상적 서비스의 연구 대상으로 선정된 것은 쓰레기서비스이다. 쓰레기서비스를 통한 분석의 결과는 먼저 전반적인 주민만족에 있어 다른 유형의 서비스보다 상대적인 만족도가 보통보다 조금 높다. 이러한 내용이 지역 간에도 특별한 차이가 없는 것으로 미루어보아 일상적 서비스의 경우는 전반적으로 주민들에게 어느 정도 만족스럽게 제공되고 있다고 할 수 있겠다.

일상적 서비스의 분석에서 가장 관심을 끄는 부분은 부문별 평가요인이다. 주민들이 일상적 서비스의 만족·불만족을 평가하는 기준은 이익성, 신속성, 책임성, 선택성으로 나타났는데, 다른 유형의 서비스와 구분되는 것은 이익성, 신속성이 가장 설명력이 높다는 점이다. 이것은 주민들이 일상적 서비스와 같은 유형의 서비스를 평가할 때 경제적인 측면의 평가가 가장 중요하게 고려된다는 것을 의미한다고 볼 수 있다. 일상적 서비스는 그 의미하는 말 그대로 주민들이 매일의 생활에서 항상 사용하지 않으면 안 되는 서비스이므로 주민의 부담과 직접 연계되는 유형의 서비스이다. 따라서 주민들은 이러한 유형의 서비스에 대한 평가에 있어 이익을 중요하게 고려하고 있음을 알 수 있다. 특별히 생각해 보아야 할 것은 쓰레기서비스의 경우는 전적으로 개인의 필요유무에 따라 버려지던 쓰레기가 종량제 봉투라는 제도의 실시와 분리수거의 관념이 도입됨으로써 자원으로서의 가치가 고려되기 때문에 주민들의 평가에 많은 영향을 미치지 않았을까 하는 점이다. 다시 말하면 이제는 쓰레기를 버리는 것 자체가 경제적인 부담과 직접 연결되기 때문에 이러한 측면의 평가가 부각되었을 것이라는 생각이다. 따라서 이러한 일상적 유형의 서비스는 주민의 부담을 최소화하면서 보다 경제적인 측면에서 능률적으로 제공될 수 있도록 하여야 할 것이다. 이것은 주민 개인의 주관적 측면의 요인 중에서 정부에 대한 비용·편익의 평가가 경찰서비스와는 다르게 쓰레기서비스와 교육서비스에서 높은 관련이 있다는 결과와도 연관성이 있는 것으로 생각된다.

또한 쓰레기서비스의 이익성에 대한 평가에 있어서는 지역 간에 유의미한 차이가 있는 것으로 나타났다. 즉 수원시의 주민들은 자신들이 거주하는 지역의 쓰레기정책이 주민들에게 이익이 되는 방향으로 실시되고 있다고 평가(평균=3.75)하고 있는 반면, 제천시의 주민들은 이 부문에 불만족을 표시(평균=4.41)하고 있다(〈표 4-20〉 참조). 따라서 도시정부의 효율성과 대응성을 평가하기 위해서는 이러한 측면의 연구가 계속 이루어져야 할 것으로 생각된다.

쓰레기서비스에 있어서 또 하나 유의해야 할 것은 다른 유형의 서비스와는 다르게 서비스에의 경험이 서비스에 대한 만족과 유의미하게 연관된다는 점이다. 본 연구에서는 서비스에의 경험을 측정하기 위해서 쓰레기서비스의 경우는 수거인들이 쓰레기를 치우는 횟수정도와 거주기간을 설정했는데, 이 두 측정지표는 모두 유의미한 설명력이 있는 것으로 나타났다. 그러나 쓰레기를 치우는 횟수정도는 객관적인 자료를 토대로 한 것이 아니라 주민들에게 알고 있는 횟수정도를 물은 것이기 때문에 어느 정도 주민의 주관성을 배제할 수 없는 부분이기도 하다. 요컨대 쓰레기수거횟수라는 서비스에의 경험은 일상적서비스라는 서비스의 유형이 서비스에 대한 경험에 밀접하게 작용하기 때문으로 생각된다. 이것은 쓰레기서비스의 부문별 평가에서 신속성이 두 번째로 설명력이 있는 평가기준으로 선정된 것에서도 서비스의 유형이 나타내는 성격과 무관하지 않는 것으로 증명된다.

본 연구의 목적 중 하나는 공공서비스에 대한 주민만족의 결정요인은 무엇인가를 알아보는 것이다. 이를 위해 각각의 서비스에 대한 만족에 결정적인 영향을 주는 변수들을 도출하기 위해 다중회귀분석을 실시하였다. 이러한 분석에서는 독립변수들의 단위를 표준화한 표준회귀계수(βi)의 절대값으로 독립변수들의 상대적 중요성을 나타낼 수 있고, 통계적 유의성은 t값이 클수록 높아진다. 이렇게 통계적 유의성이 있는 변수들을 그림으로 재정리하면 다음 〈그림 4-2〉와 같다.

〈그림 4-2〉 쓰레기서비스에 대한 만족에 영향을 주는 변수(숫자는 β_i)

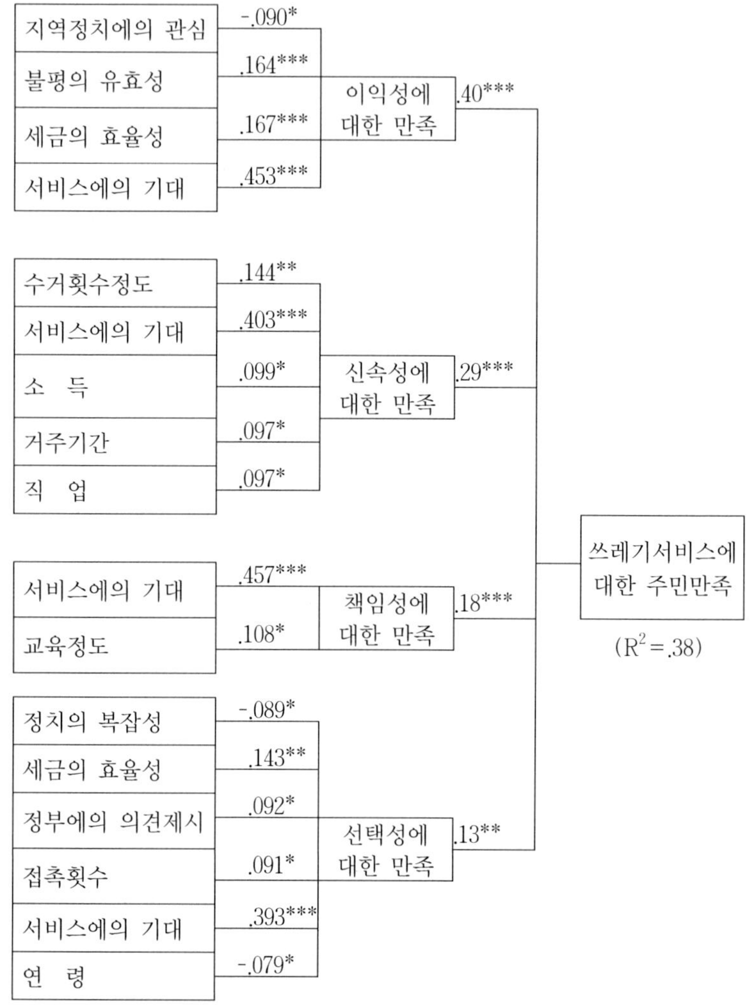

*p 〈 .05 **p 〈 .005 ***p 〈 .0001

　이와 아울러 본 연구에서는 쓰레기서비스와 관련한 정책제시를 위해 설문에 보충적인 질문을 하였다. 조사결과에 의하면 〈표 4-29〉에서 보는 바와 같이 주민들은 쓰레기수거서비스와 관련하여 중요하다고 생각하는 부분을 쓰레기의 신속한 수거, 위생적인 쓰레기수거, 주민에게 이익이 되는 쓰레기수거정책 수립 등으로 생각하고 있는 것으로 나타났다. 이것은 주민이 실제로 쓰레기서비스에 만족하고 있는 부분과는 조금 차이가 나고 있다. 즉 주민들이 중요하다고 생각하는 부분과 실제 서비스에서의 만족 부분이 차이가 나고 있는 것이다.

〈표 4-29〉 쓰레기서비스의 중요도에 대한 주민의견

질문: 쓰레기수거서비스와 관련하여 가장 중요하다고 생각하는 것?	응답자수 (명)	응답비율 (%)
1. 쓰레기의 신속한 수거	246	18.2
2. 위생적인 쓰레기수거	202	14.9
3. 주민에게 이익이 되는 쓰레기수거 정책 수립	142	10.5
4. 쓰레기배출의 편리성	141	10.4
5. 다양한 수거방법으로 주민이 선택하여 이용 가능	123	9.1
6. 쓰레기수거인들의 책임의식	109	8.1
7. 쓰레기수거에 대한 주민의견 반영	86	6.4
8. 쓰레기수거의 신뢰성	81	6.0
9. 쓰레기배출에 대한 충분한 정보	69	5.1
10. 지역·주민에 차별 없는 쓰레기수거	63	4.7
11. 쓰레기수거에 불만 시 건의가능	59	4.4
12. 쓰레기수거인의 친절한 태도	32	2.4
전　체	1353	100

· 복수응답(무응답＝93)
· 번호는 중요하다고 부각된 순서

가장 두드러지는 차이를 보이는 것은 쓰레기수거의 위생성 부분이다. 주민들은 신속한 수거에 이어서 위생적인 쓰레기수거가 두 번째로 중요하다고 생각하고 있었으나 실제 이 부분에 대해서는 만족보다는 불만이 높았다(〈표 4-30〉 참조).

〈표 4-30〉 쓰레기수거의 위생성에 대한 만족

질문: 쓰레기수거는 위생적으로 이루어지는가?	응 답 비 율(%) —10——20——30——40——50—
그렇다	30.7%
보통이다	30.0%
그렇지 않다	39.4%

따라서 쓰레기를 위생적으로 수거한다면 주민들의 쓰레기서비스에 대한 만족은 더 높아질 것을 예상할 수 있다. 이러한 내용은 쓰레기수거서비스의 개선을 위해 정부가 해야 할 일은 무엇인가에 대한 응답에서도 나타나고 있는데, 〈표 4-31〉에서 보는 바와 같이 주민들은 위생적인 수거와 철저한 분리수거를 정부가 해야 할 일이라고 생각하고 있음을 알 수 있다. 이 외에도 쓰레기배출 실명제를 실시하여 쓰레기를 지금보다 더 줄이도록 유도해야 한다는 항목에도 많은 응답을 하고 있다. 이에 비해 쓰레기를 줄이기보다는 주민들이 마음대로 편하게 쓰레기를 버릴 수 있게 해야 한다는 응답은 적게 선택하고 있어 주민들이 쓰레기를 분리수거

해야 한다는 것과 쓰레기를 줄여야 한다는 것에 공감대가 형성되어 있는 것을 알 수 있다.

<표 4-31> 쓰레기서비스의 개선을 위해 정부가 해야 할 일

쓰레기서비스 개선을 위한 정부의 역할	응답자수 (명)	응답비율 (%)
1. 위생적인 수거가 되도록 소독과 청결에 힘쓴다	250	27.9
2. 쓰레기는 철저한 분리수거가 될 수 있도록 단속을 강화한다	234	26.1
3. 쓰레기배출 실명제를 실시해 쓰레기를 지금보다 더 줄이도록 유도한다	136	15.2
4. 쓰레기수거횟수를 더 늘린다	95	10.6
5. 쓰레기수거차와 수거인수를 더 늘린다	70	7.8
6. 쓰레기를 줄이기보다는 주민들이 마음대로 편하게 쓰레기를 버릴 수 있게 한다	53	5.9
7. 수거인들이 지금보다 더 친절해지도록 철저한 교육을 실시한다	50	5.6
8. 기 타	9	1.0
계	897	100.1

2. 보호적 서비스

보호적 서비스의 연구 대상으로 선정된 것은 경찰서비스이다. 경찰서비스를 통한 분석의 결과는 먼저 주민만족에 있어 다른 유형의 서비스보다 상대적인 만족도가 가장 낮다. 이러한 내용은 지역 간의 비교에서도 모든 지역이 경찰서비스에 가장 불만족을 나타낸 것으로 보아 보호적 서비스의 경우는 전반적으로 주민들에게 만족스럽지 않게 제공되고 있다고 볼 수 있다.

보호적 서비스에서도 부문별 평가요인은 서비스 유형 간에 유의미한 차이를 보이고 있다. 주민들이 보호적 서비스를 평가하는 기준으로는 책임성, 선택성, 친절성, 신뢰성인 것으로 나타났다. 이러한 결과는 보호적 서비스와 같은 유형의 서비스에 있어서는 주민들의 공공서비스 제공자와의 접촉이 공공서비스에 대한 주민만족에 큰 영향을 미치는 것을 알 수 있다. 즉 보호적 서비스에 있어서 주민들은 서비스를 제공하는 경찰관들이 얼마나 책임의식이 있다고 생각하느냐, 경찰관들이 얼마나 친절하다고 생각하느냐, 경찰은 얼마나 범인검거능력이 있다고 생각하느냐의 측면으로 만족의 많은 부분을 평가하는 것이다. 이러한 부분들은 경찰관들과의 직·간접적인 접촉을 통해 주민들이 주관적으로 평가하는 부분이다. 따라서 이러한 유형의 서비스에 있어서는 특별히 공공서비스의 제공자로 주민들이 인식하는 사람들의 주민에 대한 태도가 가장 중요한 부분이 되므로 이에 대한 적극적인 교육과 행태연구가 요구된다고 말할 수 있다.

보호적 서비스의 경우에는 또한 다양한 형태의 공공서비스가 제공되기를 바라고 있는 것을 알 수 있다. 이것은 보호적 서비스라는 유형이 주민에의 배려와 밀접하게 연관되어 있다는 것을 의미한다. 다시 말하면 주민들이 원하고 필요로 하는 형태의 공공서비스는 다양하고, 이처럼 다양한 공공서비스의 욕구에 제대로 대처하기 위해서는 획일적이고 일방적인 공공서비스의 제공보다는 다양하고 쌍방적인 공공서비스가 필요하다는 것을 알 수 있다. 이미 살펴본 바와 같이 공공부문의 서비스 소비자들은 사부문에 있어서 보다 선택의 범위가 조금밖에 없거나 전혀 없는 것으로 인식되고 있다. 그러나 연구의 결과에서와 같이 선택성이 중요한 평가기준으로 나타난 것은 행정이 그 업무수행 결과를 정확히 평가받으려면 공공서비스에 있어서 주민들이 선택할 수 있도록 다양하게 공공서비스를 제공하는 것이 필요함을 알 수 있다. 선택성이란 평가기준은 이제까지의 공공서비스에 대한 연구에서는 전혀 고려되지 않았던 개념이다. 기존의 연구들은 공공서비스를 얼마나 제공하느냐에 관심을 두었지 어떻게 제공되어야 하느냐는 문제 삼지 않은 것이다. 그러나 대량 생산의 시대에서 다품종 소량생산의 시대로 넘어온 시대적 상황과 흐름에 따라 공공서비스를 보는 주민들의 시각도 달라지고 있음을 알 수 있다. 주민들은 이제 공공서비스에 있어서도 다양한 선택을 요구하고 있는 것이다. 따라서 앞으로는 획일적으로 제공되는 공공서비스보다는 공공서비스가 얼마나 다양하게 제공될 수 있는가에 대한 연구가 필요하다는 것을 알 수 있다.

경찰서비스에 있어서는 이익성에 있어 지역 간에 유의미한 차이가 있었다. 다시 말하면 제천시의 주민들이 가장 범죄피해 후에 신고하는 것이 신고하지 않는 것보다 이익이 된다고 생각하고 있고, 속초시의 주민들이 가장 범죄피해 후의 신고에 불만족을 나타내고 있다. 실제로 범죄 검거율에 있어서 속초시가 가장 낮고(79.9%), 제천시는 속초시보다 높다(85.5%). 따라서 주민들의 공공서비스에 대한 평가는 정확하다는 것을 알 수 있다. 가장 검거율이 높은 고양시(89.1%)의 경우 역시 경찰서비스의 이익성에 대한 평가는 좋게(평균 3.59) 나타나고 있다. 또한 이와 같은 이익성의 평가는 주민만족과 밀접하게 연관되어 있으므로 범죄피해 후에 신고하는 것이 이익이 된다고 생각할 수 있는 정책이 필요하다.

경찰서비스에 있어서 독립변수 간에 차이를 보이는 또 다른 부분은 다른 유형의 서비스와는 달리 생활여건의 정도가 경찰서비스에 대한 만족과 연관된다는 점이다. 즉 자신의 생활여건이 중류층 이상이라고 생각하는 주민일수록 공공서비스에 대한 만족이 높으며, 자신의 생활여건이 중류층 이하라고 생각하는 주민일수록 공공서비스에 불만족한 것으로 나타나고 있는데, 이는 생활여건이 좋은 주민들이 공공서비스에 대해 바라는 것이 적고, 생활여건이 나쁜 주민들일수록 공공서비스에 많은 것을 바라기 때문에 더 불만이라는 기존의 연구 결과들과 일치하는 부분이다. 그러나 이러한 결과가 보호적 서비스인 경찰서비스에서만 유의미하게 나타난 것은 일상적 서비스나 발전적 서비스보다는 보호적 서비스와 같은 유형의 서비스의 특성상 도시정부나 행정기관이 주민들에게 제공해야 할 부분이 많기 때문인 것으로 보인다. 이것은 〈표 4-32〉에서 나타나듯이 대부분의 주민들이 개인적인 방범장치를 갖추고 있지 않다는 응답과도 연관되어, 실제로 주민들은 다른 유형의 서비스보다 보호적 서비스에 있어 공공부문으로서의 역할을 요구하고 있음을 알 수 있다.

〈표 4-32〉 경찰서비스의 안전성에 대한 만족

질문: 개인적으로 방범장치를 갖추고 있는가?	응 답 비 율(%)
	—10—20—30—40—50—60—70—
그렇다	——19.8%
보통이다	——13.6%
그렇지 않다	—————————66.6%

경찰서비스의 경우 또 다른 차이점은 정부에의 비용·편익평가라는 경제적인 측면의 영향력이 다른 서비스보다 가장 적게 연관되고, 공공서비스의 개선을 위해 지금보다 세금을 더 내겠느냐는 과세의사와는 연관이 없는 것으로 나타났다는 점이다. 이것은 쓰레기서비스나 교육서비스의 경우 정부에 대한 비용·편익의 평가가 주민만족과 아주 강하게 연관되며, 부가적인 과세의사 또한 강하게 연관되는 것과는 매우 대조적이다. 이러한 결과를 통해서 알 수 있는 것은 보호적 서비스의 경우 주민들은 공공서비스를 경제적인 측면과 연계시키지 않는다는 것을 알 수 있다. 이상의 분석을 통해서 경찰서비스의 만족에 영향을 주는 변수들을 정리하면 다음 〈그림 4-3〉와 같다.

<그림 4-3> 경찰서비스에 대한 만족에 영향을 주는 변수(숫자는 β_i)

또한 경찰서비스와 관련하여 주민들이 중요하다고 생각하는 부분은 〈표 4-33〉과 같이 나타나고 있다.

〈표 4-33〉 경찰서비스의 중요도에 대한 주민의견

질문: 경찰서비스와 관련하여 가장 중요하다고 생각하는 것?	응답자수 (명)	응답비율 (%)
1. 경찰업무처리에 대한 신뢰성	211	15.8
2. 신고 시 신속한 출동	183	13.7
3. 경찰관들의 책임의식	182	13.6
4. 범죄로부터의 안전감	177	13.2
5. 경찰관들의 친절한 태도	160	12.0
6. 경찰관들의 형평 있는 주민 대우	106	7.9
7. 경찰서·파출소시설 이용의 편리성	69	5.2
8. 다양한 경찰업무로 선택이용 가능	64	4.8
9. 경찰업무에 대한 주민의견 반영	51	3.8
10. 범죄 신고 후에 직·간접 이익	49	3.7
11. 경찰업무에 불만 시 건의 가능	48	3.6
12. 경찰업무에 대한 충분한 정보제공	36	2.7
전　체	1336	100

· 복수응답(무응답＝110)
· 번호는 중요하다고 부각된 순서

조사를 통해서 알 수 있는 것은 주민들은 경찰서비스에 대해서는 경찰업무처리에 대한 신뢰성, 신고 시 신속한 출동, 경찰관들의 책임의식, 범죄로부터의 안전감 등이 중요하다고 응답하고 있었다. 그러나 앞에서의 분석에서도 살펴보았듯이 현재의 주민만족 상태에 설명력이 있는 부분에서 신고 시 신속한 출동이나 범죄로부터의 안전감은 포함되지 않았다. 실제로 주민들은 이 부분에 상당한 불만족을 나타내고 있었다(〈표 4-34〉 참조). 따라서 신고가 들어오면 신속하게 출동하고, 범죄의 예방과 검거에 더 노력을 기울이면 경찰서비스에 대한 주민의 만족은 향상될 수 있을 것으로 보인다. 이러한 부분은 경찰서비스의 핵심적인 내용이고, 경찰서비스에 대한 전반적인 만족이 다른 서비스의 유형에 비해 훨씬 낮게 나타나는 것과 병행하여 생각하면 시급히 노력해야 할 부분이라고 볼 수 있다.

〈표 4-34〉 경찰서비스의 신속성에 대한 만족

질문: 신고하면 도착시간이 빠르다고 생각하는가?	응 답 비 율(%) —10——20——30——40——50—
그렇다	——————————26.5%
보통이다	———————————————38.3%
그렇지 않다	—————————————35.2%

다음으로 경찰서비스의 개선을 위해 정부가 해야 할 일은 무엇인가를 직접적으로 질문함으로써 주민들이 생각하는 정부의 역할을 살펴보았다. 자세한 내용은 〈표 4-35〉와 같다.

경찰서비스에 있어서는 쓰레기서비스와는 달리 주민들의 의견이 분산되게 나타나고 있어 주민들이 다양한 측면의 정부역할을 요구하고 있다고 해석할 수 있겠다. 또한 두드러지는 특징은 경찰관수, 경찰서와 파출소의 수를 늘여야 한다는 의견보다는 경찰관

들이 주민들을 공평하게 대우해야 한다는 점이나 더 친절해져야
한다는 점에 비중을 두고 있는 것이다. 이것은 객관적인 서비스
전달 상태가 공공서비스에 대한 주민만족에 별다른 영향을 미치
지 못한다는 앞에서의 분석을 뒷받침해준다고 할 수 있다.

<표 4-35> 경찰서비스의 개선을 위해 정부가 해야 할 일

경찰서비스 개선을 위한 정부의 역할	응답자수 (명)	응답비율 (%)
1. 경찰관들은 모든 주민들을 빈부격차 없이 공평하게 대우해야 한다	181	20.2
2. 경찰관들이 지금보다 더 친절해지도록 교육을 실시한다	164	18.3
3. 평상시에 주민과의 긴밀한 관계를 유지해 유사시에 주민의 협조를 얻어야 한다	157	17.5
4. 범죄예방을 위해 지금보다 순찰활동을 더 강화해야 한다	132	14.7
5. 신고 시에 지금보다 더 신속한 출동이 필요하다	122	13.6
6. 경찰관의 수를 지금보다 더 늘여야 한다	76	8.5
7. 경찰서와 파출소의 수를 지금보다 더 늘여야 한다	58	6.5
8. 기 타	7	0.8
계	897	100.1

3. 발전적 서비스

발전적 서비스의 연구 대상으로 선정된 것은 교육서비스이다.
교육서비스를 통한 분석의 결과 전반적인 주민만족에 있어 만족도
가 낮으며, 지역에 있어서도 모두 보통보다 낮다. 따라서 교육서비

스의 경우 어느 정도 불만족스럽게 제공되고 있다고 할 수 있다.

발전적 서비스의 분석에서도 부문별 평가요인은 다른 유형의 서비스와는 구별되는 결과를 나타내고 있다. 구체적으로 주민들은 발전적 서비스를 평가하는 데 있어 책임성, 신뢰성, 선택성, 불만처리장치를 평가기준으로 하고 있다. 책임성은 경찰서비스에서도 가장 중요한 평가기준이며, 신뢰성과 선택성 역시 경찰서비스에서도 중요한 평가기준으로 나타나 발전적 서비스인 교육서비스와 보호적 서비스인 경찰서비스가 일상적 서비스인 쓰레기서비스보다는 서로 연관되어 인식되고 있음을 알 수 있다. 그러나 교육서비스에서는 주민만족과 유의미하게 연관된 부문별 평가기준이 다른 유형의 서비스에 비해 배 이상 많게 나타나고 있어 주민들의 교육서비스에 대한 관심이 다양하다는 것을 알 수 있다. 특히 교육서비스에 불만이 있을 때 처리방법을 알고 있느냐의 요인과 교육정책이 바뀌면 충분한 정보가 제공되느냐의 여부가 주민만족에 영향을 주는 부분으로 나타남으로써 교육서비스와 같은 발전적 서비스에 있어서는 불만처리장치와 서비스에의 정보가 주민들에게 요구되고 있음을 알 수 있다.

교육서비스에 있어서는 특별히 주민의 연령과 교육정도가 다른 서비스의 유형과 달리 유의미한 영향력이 있는 것으로 나타나고 있는데, 연령이 낮고 교육정도가 높을수록 교육서비스에 대한 관심이 많고, 이에 대한 만족은 낮았다. 그러므로 앞에서도 언급한 바와 같이 교육서비스를 직접 경험하고 경과년수가 길지 않은 젊은층과 교육정도가 높은 사람들의 기대에 부응하는 질적 개선이 이루어져야할 부분임을 알 수 있다.

교육서비스와 같은 발전적 서비스의 유형에서 나타나는 또 다

른 사실은 주민의 정치에 대한 관심과 정부에 자신의 의견을 제
시하는 정도가 다른 서비스의 유형보다 가장 강하게 주민만족에
영향을 미치는 요인이라는 점이다. 다시 말하면 정치에 관심이 많
고, 정부에 자신의 의견을 제시하는 주민일수록 교육서비스에 만
족하고 있는데, 이것은 발전적 서비스의 경우는 정치적인 측면의
평가가 주민만족에 영향을 미친다고 해석할 수 있겠다. 이러한 평
가는 앞에서 살펴보았듯이 쓰레기서비스와 같은 일상적 서비스의
경우가 경제적인 측면의 평가가 중요시되고 있는 것과 아주 대조
적인 분석결과이다. 따라서 서비스의 유형에 따라 주민들이 평가
하는 측면이 많이 다르다는 것이 확연히 구분됨을 알 수 있다.

분석의 결과 교육서비스에 대한 만족에 영향을 주는 변수들은
〈그림 4-4〉과 같다.

<그림 4-4> 교육서비스에 대한 만족에 영향을 주는 변수(숫자는 β_i)

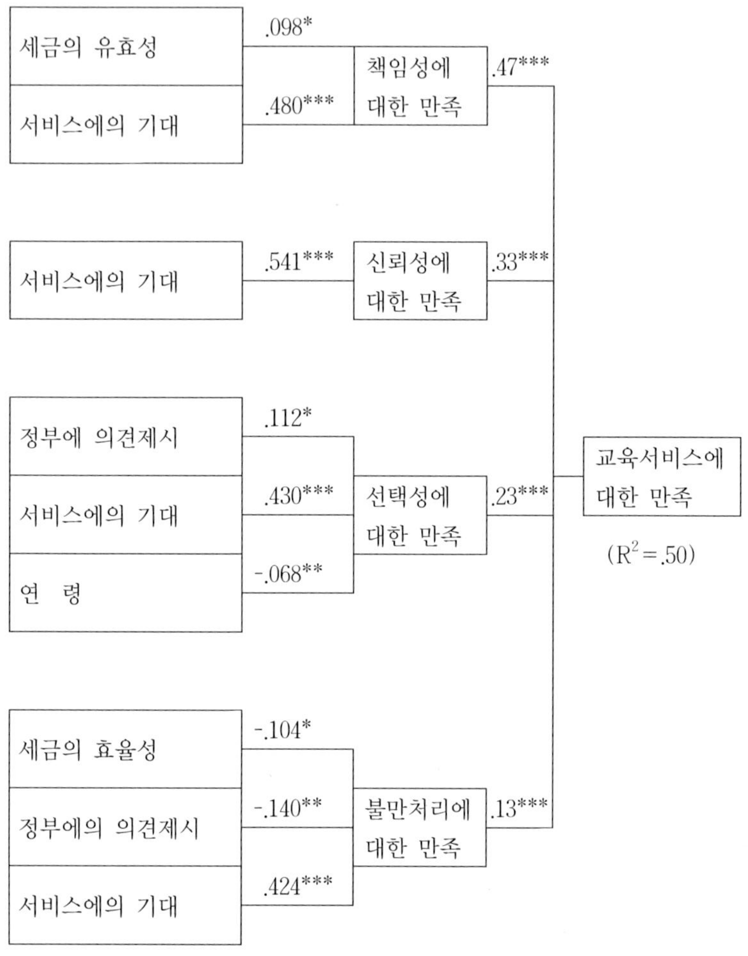

*p < .05 **p < .005 ***p < .0001

교육서비스에 대해서도 주민들이 중요하다고 생각하는 부분을 조사하였다(〈표 4-36〉 참조). 조사결과에 따르면 교육서비스에 있어서 주민이 중요하다고 생각하는 부분과 교육서비스에 대한 만족에 영향을 주는 부문별 평가요인이 가장 일치하고 있다. 이것은 교육서비스에 대한 만족에서 부문별 평가요인의 설명력이 다른 유형의 서비스보다 훨씬 높게 나타난 분석결과와도 일치된다. 참고로 부문별 평가요인의 설명력은 쓰레기서비스에 대해 40.43%, 경찰서비스에 대해 40.30%, 교육서비스에 대해 54.54%였다(〈표 4-7〉 참조).

〈표 4-36〉 교육서비스의 중요도에 대한 주민의견

질문: 교육서비스와 관련하여 가장 중요하다고 생각하는 것?	응답자수 (명)	응답비율 (%)
1. 교육에 대한 신뢰	217	17.4
2. 선생님들의 책임의식	184	14.8
3. 시대에 적합한 교육	169	13.6
4. 다양한 교육정책으로 선택 가능	151	12.1
5. 선생님들의 형평 있는 학생 대우	149	11.9
6. 교육정책에 학생·교사·학부모 의견 반영	110	8.8
7. 교육정책의 변경 시 충분한 정보	79	6.3
8. 학교시설에의 안전성	55	4.4
9. 학교교육을 통한 이익	50	4.0
10. 교육정책에 불만이 있을 때 건의 가능	35	2.8
11. 선생님들의 친절한 태도	26	2.1
12. 통학시간의 단축	22	1.8
전 체	1247	100

· 복수응답(무응답=199)
· 번호는 중요하다고 부각된 순서

교육서비스의 평가에서 가장 두드러지는 부분은 선생님들의 태도에 대한 대조적인 평가이다. 주민들은 〈표 4-37〉과 〈표 4-38〉에서 보는 바와 같이 선생님들이 친절하다고 생각하고 있었지만, 학생들을 차별하지 않고 동등하게 대우한다고는 생각하지 않고 있다. 또한 학생들을 차별하지 않고 공평하게 대우하는 것(5위)을 선생님들의 친절한 태도(11위)보다 더 중요하다고 생각하고 있었다. 따라서 학교에서 학생들이 차별받지 않고 공평하게 대우받는다고 느낄 수 있을 정도로 형평성에 대한 보완이 이루어지면 교육서비스에 대한 만족은 향상될 수 있을 것이다. 이것은 교육서비스가 쓰레기서비스와 같은 일상적 서비스보다 더 불만족하다는 측면에서 보면 상당히 주의가 요구되는 부분이라고 할 수 있다.

〈표 4-37〉 교육서비스의 친절성에 대한 만족

질문: 선생님들은 친절하다고 생각하는가?	응 답 비 율(%) ——10——20——30——40——50——
그렇다	————34.6%
보통이다	—————38.5%
그렇지 않다	———26.9%

교육서비스의 개선을 위해 정부가 해야 할 일은 무엇인가라는 질문에는(〈표 4-39〉 참조), 입시교육 위주에서 탈피하고 인성교육에 강조를 두는 것과, 학교 선생님들의 자질을 더 높이도록 힘써야 한다는 것에 많은 주민들이 응답하였다. 이에 비해 외국과의 경쟁에서

뒤지지 않는 인재양성이나 지역사회 주민에게 교육서비스를 제공하는 것에는 상대적으로 비중을 주지 않고 있음을 알 수 있다.

〈표 4-38〉 교육서비스의 형평성에 대한 만족

질문: 학교에서 학생들은 차별받지 않고 동등하게 대우받는가?	응 답 비 율(%) ——10——20——30——40——50——
그렇다	————24.6%
보통이다	————28.7%
그렇지 않다	————46.7%

〈표 4-39〉 교육서비스의 개선을 위해 정부가 해야 할 일

교육서비스 개선을 위한 정부의 역할	응답자수 (명)	응답비율 (%)
1. 입시교육 위주에서 탈피하고 인성교육에 강조를 둔다	322	39.0
2. 학교 선생님들의 자질을 더 높이도록 힘쓴다	126	15.3
3. 학교와 가정이 서로 협조하여 학생들을 지도하도록 유도한다	112	13.6
4. 교육정책의 변경 시 교사·학부모·학생의 의견을 지금보다 더 많이 반영한다	84	10.2
5. 학교시설을 더 보강해 학습 분위기를 쾌적하게 해준다	79	9.6
6. 외국과의 경쟁에서 뒤지지 않는 인재양성에 모든 힘을 기울인다	68	8.2
7. 학교를 벗어난 지역사회 주민에게도 교육서비스를 제공한다	33	4.0
8. 기 타	2	0.2
계	826	100.1

제5장 결 론

제1절 결 론

　이제까지 본 연구는 공공서비스에 대해 주민이 어떻게 평가하고 있는가를 알아보기 위해 공공서비스에 대한 주민만족의 정도, 주민이 거주하는 지역의 객관적 서비스 전달 상태와 주관적인 주민만족의 연관성 정도, 그리고 주민만족에 결정적인 영향을 주는 변수들을 살펴보았다. 조사결과에 따르면 주민들은 공공서비스의 유형에 따라 상이한 평가를 내리고 있다. 연구 대상은 쓰레기서비스, 경찰서비스, 교육서비스를 선정하였는데, 이 서비스들은 공공서비스가 수행하는 사회적 기능에 따라 일상적 서비스, 보호적 서비스, 발전적 서비스로 유형화 된다. 각각의 서비스에 대해 주민들은 쓰레기서비스에 대해서만 보통정도라고 응답하였고, 경찰서비스와 교육서비스에 대해서는 대체로 만족보다는 불만족을 나타냈다. 특별히 경찰서비스에 대해서는 선정된 지역과 관계없이 모두 가장 불만족으로 평가하여 보호적서비스에 대한 더 많은 관심과 연구가 필요함을 시사하고 있다.

　이상의 분석결과를 본 연구의 연구 목적에 따라 결론적으로 평가해 보면, 첫째, 객관적인 서비스의 전달 상태가 주관적인 주민만족에 얼마나 영향을 미치고 있는가에 대한 발견 목적의 측면은 객관적인 서비스의 전달 상태와 주관적인 주민만족은 서로 독립적으

로 나타났다. 이 부분은 외국의 기존 이론들에서 조차 가장 논란
이 되는 부분으로 관심이 컸으나 본 연구가 분석의 틀을 원용한
Brown과 Coulter의 연구 결과와는 일치하고 있다. 객관적 서비스
전달 상태가 주민의 만족에 영향을 미치지 않는 가장 중요한 이유
는 주민들이 주관적 서비스 기대를 통해 객관적인 서비스의 상태
를 평가하기 때문이며, 지역 간에 공공서비스의 전달에 있어 두드
러지는 차이가 없기 때문으로 보인다. 이러한 분석의 결과는 주민
만족정도를 측정하기 위해 주로 객관적인 서비스 전달 상태에 관
심을 기울여온 우리나라의 기존 연구 경향과는 대조적인 것으로
앞으로의 연구 방향에 많은 것을 시사해 준다고 볼 수 있다.

　둘째, 공공서비스에 대한 주민만족에 영향을 미치는 요인은 주
민개개인의 객관적 특성요인, 주관적 특성요인, 부문별 평가요인임
을 알 수 있다. 그러나 그 설명력의 정도에 있어서 객관적 특성요
인은 미약하고, 주관적 특성요인과 부문별 평가요인이 강하게 나
타났다. 하지만 주민의 주관적 특성요인은 공공서비스에 대한 주
민만족 연구를 어렵게 하는 측면의 하나이다. 주민개개인이 나타
내는 주관적인 심리상태는 측정하기도 어렵고 시간과 상황에 따
라 변하기도 쉽고, 연구자의 자의적인 해석이 개입될 여지가 가장
많은 부분이기 때문이다. 그럼에도 불구하고 본 연구의 분석결과
에서 알 수 있는 것은 이러한 주민의 주관적 특성요인은 공공서
비스에 대한 주민만족을 설명함에 있어서 간과할 수 없는 측면이
라는 점이다. 따라서 계속적인 연구를 통해 가능한 한 다양하고
정확한 측정지표와 평가기법을 개발하도록 해야 할 필요성이 제
기된다. 또한 부문별 평가요인의 경우 역시 주민만족에 큰 영향을
미치는 요인으로 나타났는데, 서비스의 유형에 따라 영향요인이

달라지고 있었으므로 서비스의 유형에 따른 부문별 평가요인의 발견이 필요하다고 본다.

셋째, 외국에서 연구된 기존의 주민만족에 관한 이론과 모형들을 한국에 적용시켜 일치점과 차이점을 발견하고 한국의 상황에 적실한 주민만족이론의 정립을 위한 정보를 제공하고자 한 목적의 측면이다. 이론적 고찰을 통해 기존의 주민만족에 관한 이론과 모형들을 검토하고, 분석결과의 해석을 통해 기존이론과의 일치점과 차이점을 검토하였다. 그 결과 한국의 경우에 있어서는 주민만족모형에서 도출된 공공서비스에 대한 주민만족의 영향요인 중에서 지역 특성요인과 객관적 서비스 전달 상태요인은 설명력이 없는 것으로 나타났다. 따라서 개인의 객관적 특성과 지역 특성을 주민만족에 영향을 주는 요인이라고 주장하는 '사회적 접근 모형'은 부분적으로만 설명력이 있음을 알 수 있다. 또한 서비스의 객관적인 전달 상태가 주민만족의 영향요인이라고 주장하는 '서비스 전달 모형'의 설명력도 한국에서는 적실하지 않음을 알 수 있다. 이에 비해 주민의 주관적인 상태가 만족에 영향을 주는 요인이라고 주장한 '개별적 접촉 모형'의 경우 가장 설명력이 강하고 적실한 모형임을 알 수 있다.

넷째, 공공서비스의 생산과 전달, 평가에 있어 인식의 전환이 필요하다는 측면이다. 본 연구에서는 그동안 한국에 있어 공공서비스라는 개념은 위로부터 주어지는 것이라는 인식이 지배적이었는데, 앞으로의 행정은 이러한 인식을 통해서는 더 이상 역할의 수행은 물론 존재 이유도 정당화되지 못할 것이라는 문제의식에서 출발하여 공공서비스에 대한 새로운 관리 철학으로서 '소비자주의'와 '공공서비스지향 접근방법'을 소개하였다. 아울러 이러한

개념들의 타당성을 주장하기 위해 이 이론들에서 주장하는 공공
서비스에 대한 주민평가기준으로 주민만족을 평가해 보았다. 그
결과 선정된 평가기준들은 주민만족에 대한 설명력이 매우 높아
서 본 연구가 소개한 이론들이 공공서비스에 대한 관리 철학으로
적실하다고 할 수 있겠다. 또한 유의미하게 선정된 평가기준들은
기존의 연구들이 공공서비스에 대한 주민만족을 설명하기 위해
선정한 평가기준들과는 많은 차이가 있어 앞으로의 연구와 평가
에 있어 인식 전환의 필요성을 주장할 수 있다고 본다.

제2절 정책적 함의

본 연구는 한정된 자원으로 주민의 욕구에 부응해야 하는 행정
이 그 역할을 제대로 수행하고 있는지에 대한 평가가 필요하다는
인식에서 출발한다. 그리고 그러한 평가는 주민에 대한 질문이 없
이는 적절하게 이루어질 수 없다[1]는 주장에 따라 주민들을 대상
으로 실증적 조사를 실시하였다. 특히 공공서비스에 대한 주민만
족을 결정짓는 요인은 어떤 것인가를 분석함으로써 이후로는 주
민의 욕구와 요구에 부합하는 공공서비스를 제공할 수 있는 방안
을 모색하고자 하였다. 이를 위한 구체적인 정책 방안은 다음과
같다.

---

1) J. Potter, op. cit., p.163.

1. 주민에 의한 행정의 평가 실시

행정에 대한 개선방향이 제시되기 위해서는 주민들이 행정에 대해 어떻게 생각하고 있느냐 하는 실태파악이 중요하다. 그러나 우리나라에서는 이에 대한 연구 결과가 많지 않은데, 그 주된 이유 중의 하나는 주민이 행정을 평가한다는 자체가 일상적으로 주민의 개념 속에 없었고, 더구나 그러한 연구를 쉽게 할 수 있는 분위기가 아니었기 때문이라고 한다.[2] 이것은 앞에서도 언급한 것처럼 주민들의 요구를 반영하는 것은 비능률적이라고 간주해 온 행정문화의 영향을 의미한다고 볼 수 있다. 그러나 행정에 있어서 능률이란, 행정을 가이드하는 지고의 가치인 민주성을 저해하지 않는 범위 내에서 정의되어야 하므로, 앞으로 능률성 논의의 기본방향은 주민이 느끼는 체감행정을 우선으로 하여 한걸음 더 나아가 정부에 대한 대국민신뢰회복과 궁극적으로 생활의 질을 높이는 데 초점을 맞추어 나가야 한다.[3] 따라서 주민이 행정을 평가하는 것은 행정의 능률성을 저해하는 걸림돌이라는 인식은 불식되어져야 하고 오히려 주민에 의한 행정의 평가를 통해 행정의 능률성을 향상시킬 수 있다고 보아야 한다.[4]

본 연구를 위해 실시된 설문조사 과정에서도 주민에 의한 행정

---

2) 박세정, "관리적 시각에서 본 행정서비스 쇄신방안," 한국행정학회 추계학술대회 「논문집」, (1993), p.83.

3) 박세정, 「행정의 능률성 제고를 위한 기본틀 구축」, 한국행정연구원 연구보고서, (1992. 12.), p.8-14.

4) 실제로 행정으로부터 서비스를 수혜 하는 주민의 만족 여하로 행정의 능률을 판정할 수 있다는 주장도 제기되고 있다. 최호준, 「참가와 능률의 행정학」, (서울: 삼영사, 1984), pp.85-86.

에의 평가가 필요함을 절실하게 느낄 수 있었다. 대다수의 주민들이 설문에 성실하게 답변해 주었으며, 연구자와 조사원들에게 설문에 들어있지 않은 내용에 대해서까지도 자신들의 의견을 개인적으로 얘기해 주었다. 설문지의 구성상 응답 내용이 많음에도 불구하고, 개방형 질문이나 기타에 직접 의견을 적어준 경우도 상당수 있었고, 이러한 연구 결과들이 정책에 반영되기를 원하고 있었다. 특히, 쓰레기수거서비스의 경우는 분리수거와 재활용봉투에 대해서, 경찰서비스에 대해서는 교통신호 위반 시나 범죄피해 시에 형평 있는 처우에 대해서, 교육서비스에 대해서는 대학입시 정책과 교육내용에 대해서 다양한 의견제시가 있었다. 조사결과에 따르면 지역정부에 자신의 의견을 말하는 응답자일수록 공공서비스의 유형에 관계없이 만족도가 높은 것으로 나타나고 있는데, 이것은 주민에 의한 평가가 필요함을 시사하는 것으로 볼 수 있다. 또한 주민들이 지역정부에 자신의 의견을 말하지 않는 이유가, 전혀 관심이 없음(3.3%)이나 내용을 모르기 때문에(9.1%)인 것에 비해, 말해도 반영되지 않아서(34.1%), 말하려면 절차가 번거로워서(30.4%), 어느 곳에 말할지 몰라서(11.1%)인 것을 감안하면 주민에게 평가의 기회를 제공하고 또한 주민들이 그 결과가 정책에 반영된다는 것을 느낀다면 공공서비스에 대한 주민의 만족은 훨씬 향상될 수 있음을 알 수 있다. 이것은 공공서비스에 대한 주민만족이 객관적인 서비스 전달 상태보다 주민 개개인들의 개인적 심리상태에 의해서 더 결정적이라는 본 연구의 결과와도 연관시키면 중요한 정책적 함의라고 본다.

따라서 공공서비스에 대해 주민들이 주기적이고 편리하게 평가할 수 있는 기회를 제공하고 여기서 제출된 주민의 의견은 정책에 반영시키는 방안을 개발하여야 한다.

2. 서비스 지향의 행정 인식

행정은 개개국민이 사회생활을 해가는 동안 공통으로 필요한 편익(혹은 사회적 유용성)이지만 개개의 국민 스스로의 능력과 책임에 의해 확보하는 것이 곤란하여 사회적·공동적으로 확보하는 것이 적당한 경우 공공적 서비스를 제공하는 것에 존재의의가 있다.[5] 따라서 행정서비스의 역할은 주민들의 욕구(주민의 요망이나 요구, 불만이나 진정)를 충족시키는 것이며, 이것은 동시에 앞으로도 변하지 않을 사명이다.[6] 그러나 본 연구에 의하면 주민들은 대체적으로 공공서비스에 불만족한 것으로 조사되었고, 공공서비스에 대한 주민 만족에 영향을 주는 부분들은 기존의 인식처럼 능률성, 효과성, 대응성, 형평성이 아니라 책임성, 선택성, 신뢰성, 불만처리장치 등으로 나타났다. 이것은 이제와 같이 정부 위주의 안일한 공공서비스의 제공으로는 행정의 정당성을 위협받게 될 가능성이 있음을 의미한다고도 볼 수 있다. 공공서비스에 대한 주민의 불만은 행정의 존재의의에 회의를 가져오게 될 수 있으며, 자신의 역할을 제대로 수행하지 못하는 행정에 대한 불신으로 연결될 수 있기 때문이다. 따라서 이제부터 행정은 서비스라는 인식을 바탕으로 서비스 지향적 행정

---

5) 三橋良士明, "行政の公共性: 私人による行政的サービスの提供," 「都市問題研究」 1991. 10. (東京: 都市問題研究會), p.73.
6) 寄本勝美, "今後の行政サビス," 「都市問題研究」 1989. 6. (東京: 都市問題研究會), p.11.

을 펼쳐 나가지 않으면 안 되며, 그러한 서비스 지향적 행정은 주민의 의견을 바탕으로 실행되어야 한다. 주민의 의견을 바탕으로 실행되는 서비스 지향적 행정이란, 공급자 위주, 생산자 본위에서 공공서비스를 제공하는 것을 지양하고, 수요자 위주, 고객 본위에서 서비스를 제공하되, 주민에게 책임을 지고, 주민에게 선택할 기회를 주며, 신뢰받을 수 있도록 하며, 불만이 있을 때 건의할 수 있는 장치를 마련하고 그 불만의 처리 결과를 알려주는 등의 형태가 되어야 할 것이다. 또한 이에 대한 이론적 토대는 앞에서 제시한 '소비자주의'와 '공공서비스지향 접근방법'을 통해 정립이 가능할 것으로 보이는데, 이러한 개념에서 제기된 공공서비스 평가기준이 주민만족을 잘 반영하고 있는 것으로 나타났기 때문이다. 이미 외국에서는 이러한 인식이 확산되고 있다. 예를 들어 일본 이즈모시의 이와쿠니 시장은 지방행정을 '최대의 서비스 산업'으로 규정한 후 「고객만족」을 위한 행정개혁을 추진하였고, 미국의 행정개혁 역시 고객의 요망사항을 적극적으로 수용함으로써 그들의 만족도를 제고시킬 수 있는 방향으로 업무수행의 절차를 개선하고, 경쟁에 입각한 시장메카니즘을 도입함으로써 공직자들이 고객을 우선적으로 고려하도록 유도할 것을 행정개혁의 큰 방향으로 제시하고 있는 것이다.[7)]

따라서 기존의 권력 지향적 행정에서 벗어나 서비스 지향적 행정으로의 인식 전환을 통해 행정의 정당성을 확보하고, 경쟁력을 높여야 한다. 그러기 위해서는 먼저, 행정이 주민에게 책임을 지는 것이 중요한 것으로 나타났다. 그동안의 행정은 "권한만 있고, 책임은 없는" 것으로 알려져 왔다. 그러나 본 조사에서도 알 수 있

---

7) 정진호, 「지방화시대의 청사진: 기업가형 지방경영」, 한국경제연구원 심포지엄자료(1995. 6. 13.), pp.27-28.

는 바와 같이 공공서비스 제공자의 책임성은 주민만족과 아주 밀접하게 연관되어 있었다. 책임성을 확보하는 좋은 방법 중 한 가지는 '공공서비스 제공자의 실명제' 등의 방법이 있다. 공공서비스를 제공하는 사람들은 가능한한 이름표를 착용하거나 담당자의 이름을 주민들이 알아보기 쉽게 공개하고, 자신들이 발부하거나 접수하는 서류에는 반드시 이름을 기입하도록 하는 등의 방법은 익명의 다수에서 벗어나 공공서비스 제공자의 업무에 대한 책임성을 확보할 수 있을 것으로 본다. 다음으로 주민이 원하는 형식과 절차, 시간과 공간에 부응할 수 있도록 공공서비스를 다양하게 제공하여 이중 편리한 것을 선택할 수 있도록 하는 방안들이 강구되어야 한다. 특히 이제까지 행정 편의주의의 입장에서 이루어지던 공공서비스에 대해 주민의 선택이라는 개념을 도입하는 것은 공공서비스에 대한 만족을 제고시킬 것이다.

3. 지역 경쟁력 유도

본 연구의 결과에 의하면 지역특성이나 특정 지역에서 제공되는 공공서비스의 전달 상태는 주민만족에 유의미한 설명력을 제공하지 못하였다. 이것은 주민들이 객관적인 서비스 전달 상태를 주민의 주관적인 기대를 통해 평가하기 때문으로 해석하였지만, 다른 의미에서는 조사대상 지역이 공공서비스의 제공에 있어 주민들이 느낄 만큼 월등히 좋거나 특별히 나쁘게 제공되지 않음을 의미하는 것이기도 하다. 이렇게 지역 간에 공공서비스가 거의 균등하게 전달되고 있는 것은 이제까지 공공서비스가 중앙에서 일방적으로 배분되는 중앙집권적인 전통과, 지방자치제를 실시한 지 얼마 되지 않아서 지역의 정치·행정적인 역량이 발휘되지 않았기 때문으로 생각된다. 그러나 지금은 국가 간의 경쟁력을 겨루는 시대이다. 따라서 지역 간에도 경쟁을 유발하여 공공서비스의 제공 역량을 높이는 것이 필요하다. 지역경쟁력은 이제까지 행정의 병폐로 지적되어 왔던 지역격차와는 구별되어야 한다. 지역경쟁력은 지역 간에 선의의 경쟁을 통해 지역주민에게 좀 더 양질의 공공서비스를 저렴한 가격으로 제공할 수 있도록 유도하는 것을 의미하기 때문이다. 이러한 지역 간의 경쟁을 통해 주민들은 자신들이 거주하는 지역의 공공서비스에 관심을 가지게 되고, 다른 지역과의 비교를 통해 그 결과나 효과를 판단할 수 있는 능력을 키우게 되는 것이다. 이를 위해서는 공공서비스에 경쟁원리, 민간기업 경영원리를 도입하는 것도 필요하다.

참고문헌

■ 국내문헌

김남현 역, 「조직행동론」, (서울: 경문사, 1985).

김영기, "주민만족도에 의한 공공서비스 성과측정", 「경상대 새마을 연구」 제7권, (1989).

김원규, 「도로교통운영에 대한 시민의 의식과 만족도에 관한 연구」, 건국대학교, 박사학위논문, (1996).

김 인, 「공공서비스 배분의 결정요인과 형평성에 관한 연구」, 서울대학교 행정대학원, 박사학위논문, (1986).

______, 허용훈, "지방정부의 공공서비스 성과향상 방안", 계명대학교, 「사회과학논총」 제14집, (1995).

김일태, 「도시공공서비스 전달체제 평가모형 정립에 관한 연구」, 서울대학교, 박사학위논문, (1992).

김재홍·조경호, "지방정부 행정서비스에 대한 시민의 의식과 평가: 울산시를 중심으로", 「한국행정연구」 제4권 2호, (1995년 여름호).

김호정, 「사회과학 통계분석」, (서울: 삼영사, 1996).

남궁근, 「행정조사방법론」, (서울: 법문사, 1994).

박경효, "공공서비스 생산의 민간화에 대한 평가." 「한국행정학보」, 제25권 제4호, (1992).

박세정, 「행정의 능률성 제고를 위한 기본틀 구축」, 한국행정연구원 연구보고서, (1992. 12).

______, "관리적 시각에서 본 행정서비스 쇄신방안," 한국행정학회 추계학술대회「논문집」, (1993).

박용치,「혁신의 확산과정」, 서울대학교 행정대학원, 박사학위논문, (1983).

______, "도시서비스 전달의 주관적 평가: 통합모형의 모색," 서울시립대학교,「논문집」, (1992).

박천오·박경효,「한국관료제의 이해」, (서울: 법문사, 1996).

송창석,「한국 지방의원의 의정활동 만족도에 관한 실증적 연구」, 한양대학교, 박사학위논문, (1993).

오석홍,「조직이론」, (서울: 박영사, 1983).

오택섭,「사회과학 데이터 분석법: SAS·SPSS/PC+」, (서울: 나남출판, 1996).

윤재풍,「조직학원론」, (서울: 박영사, 1995).

이종수, "38개 시군통합지역의 공공서비스 공급능력 측정평가,"「지방자치연구」, 제7권 제1호, (1995. 6).

정진호,「지방화시대의 청사진: 기업가형 지방경영」, 한국경제연구원 심포지엄 자료, (1995. 6. 13).

조은경, "공공서비스에 대한 주민만족 비교",「한국인간관계학보」제5권 제1호, (2000. 12).

채서일,「사회과학 조사방법론」, (학현사, 1994).

최영출, "도시서비스 공급수준의 평가",「한국행정학보」제26권 제2호, (1992년 여름호).

최호준,「참가와 능률의 행정학」, (서울: 삼영사, 1984).

허명회·서혜선,「SAS 회귀분석」, (고려대학교 통계연구소 통계분석 강의총서 2: 자유아카데미, 1996).

허 범, "새로운 공공행정의 모색: 민주행정의 개념과 과제", 한국
　　행정학회(편), 「한국민주행정론」, (서울: 고시원, 1988).

경찰청, 「경찰통계연보」, (1995).

내무부, 「한국도시연감」, (1996).

한국교육신문사, 「한국교육연감」, (1997).

한국도시행정연구소, 「전국통계연감」, (1996).

■ 국외문헌

〈동양문헌〉

磯村英一, 「コミュニテイと 地方自治」(東京: きょうせい, 1978).

寄本勝美, "今後の行政サービス," 「都市問題研究」, 1989. 6월호, (東
　　京: 都市問題研究會).

齊藤達三・日高昭夫, 「自治體行政の生産性: 效率化追求の新方向」
　　(東京: 日本能率協會, 1985).

谷原修身, 今尾雅博, 中村勝久 共譯, 「コンシュマリズム: 消費者の
　　利益のために」(東京: 千倉書房, 1984).

三橋良士明, "行政の公共性: 私人による行政的サービスの提供," 「都
　　市問題研究」, 1991. 10월호, (東京: 都市問題研究會).

〈서양문헌〉

Antunes, G. E. and Plumlee, J. P., "The Distribution of an Urban
　　Public Service: Ethnicity, Socioeconomic Status, and

Bureaucracy as Determinants of the Quality of Neighborhood Streets," *Urban Affairs Quarterly*, Vol. 12, No.3(March, 1977).

Balch, G. I., "Multiple Indicators in Survey Research: The Concept Sense of Political Efficacy," *Political Methodology*, Vol. 1(Spring, 1974).

Benton, J. E. and Daly, J. L., "The Paradox of Citizen Service Evaluations and Tax/Fee Preferences: the Case of Two Small Cities," *American Review of Public Administration*, Vol. 22, No.4(December, 1992).

Berman, E. M., "Dealing with Cynical Citizens," *Public Administration Review*, Vol. 57(1997).

Bolotin, F. and Cingranelli, D., "Equity and Urban Policy: The Underclass Hypothesis Revisited," *Journal of Politics*, Vol. 45, No.1(March, 1983).

Brown, K. and Coulter, P. B., "Subjective and Objective Measures of Police Service Delivery," *Public Administration Review*, Vol. 43(1983).

Brudney, J. L. and England, R. E., "Urban Policy Making and Subjective Service Evaluations: Are They Compatible?" *Public Administration Review*, Vol. 42, No.2(March/April, 1982).

________, "Analyzing Citizen Evaluations of Municipal Services: A Dimensional Approach," *Urban Affairs Quarterly*, Vol. 17(1982).

Cadotte, E. R. and Woodruff, R. B. and Jenkins, R. L., "Norms and Expectational Predictions: How Different Are The

Measures?" in Day, R. L and Hunt, H. K., *International Fare in Consumer Satisfaction and Complaining Behavior* (Bloomington: Division of Research, College of Business, Indiana Univ., 1982).

Churchill, Jr. G. A. and Surprenant, C., "An Investigation Into the Determinants of Customer Satisfaction," *Journal of Marketing Research*, Vol. 19(November, 1982).

Cingranelli, D. L., "Race, Politics and Elites: Testing Alternative Models of Municipal Service Distribution," *American Journal of Political Science*, Vol. 25(1981).

Clarke M. and Stewart J., *The Public Service Orientation: Developing the Approach*(Loton: Local Government Training Board, 1986).

Crosby, P. B., *Quality is Free*(New York: McGraw-Hill, 1979).

Deakin, N. and Wright, A., *Consuming public services*(Routledge: London, 1990).

DeHoog, R. H. and Lowery, D. and Lyons, W. E., "Citizen Satisfaction with Local Governance: A Test of Individual, Jurisdictional, and City-Specific Explanations," *Journal of Politics*, Vol. 52, No.3(August, 1990).

Enis, B. M. and Yearwood, D. L., "Consumer Protection in Public Sector Marketing: A Neglected Area in Consumerism," in P. N. Bloom and R. B. Smith, *The Future of Consumerism*(San Francisco: Lexington Books, 1986).

Epstein, J., *Public Services: Working for the Consumer*(London: RICA, 1990).

Fantini, M. and Gittell, M., *Decentralization: Achieving Reform*

(New York: Praeger, 1973).

Fenwick, J., *Managing Local Government*(London: Chapman and Hall, 1995).

Filstead, W. J., "Qualitative Methods: A Needed Perspective in Evaluation Research," in T. Cook and C. Reichardt(ed.), *Qualitative and Quantitative Methods in Evaluation Research* (Beverly Hills, CA: Sage, 1979).

Fitzgerald, M. R. and Durant, R. F., "Citizen Evaluations and Urban Management: Service Delivery in an Era of Protest," *Public Administration Review*, Vol. 40(1980).

Folkes, V. S., "Consumer Reactions to Product Failure: An Attributional Approach," *Journal of Consumer Research*, Vol. 10(March, 1984).

Fowler, Jr., F. J., *Citizen Attitudes Toward Local Government, Services, and Taxes*(Cambridge, MA: Ballinger Publishing Co., 1974).

Fried, R. C. and Rabinovitz, F. F., *Comparative Urban Politics: A Performance Approach*(Englewood Cliffs, N. J.: Prentice-Hall, 1980).

Gauthier, B., "Client Satisfaction in Program Evaluation," *Social Indicators Research*, Vol. 19(1987).

Gawthrop, L. C., "Civis, Civitas, and Civilitas: A New Focus for the Year 2000," *Public Administration Review*, Vol. 44, No.3(1984).

Goodwin, C. and Ross, I., "Salient Dimensions of Perceived Fairness in Resolution of Service Complaints," *Journal of Consumer Satisfaction, Dissatisfaction and Complaining Behavior*, Vol.

2(1989).

Griffiths, R., "Does The Public Service Serve? The Consumer Dimension," *Public Administration*, Vol. 66(Summer, 1988).

Hambleton, R., "Consumerism, Decentralization and Local Democracy," *Public Administration*, Vol. 66(Summer, 1988).

Hatry H. P. and Blair, L. H. and Fisk, D. M. and Greiner, J. H. and Hall, J. R. Jr., and Schaenman, *How Effective Are Your Community Services? -Procedure for Monitoring the Effectiveness of Municipal Services-* (Washington D.C.: The Urban Institute, 1977).

Hayes, E., *Power Structure and Urban Policy: Who Rules Oakland?* (New York: McGraw-Hill, 1972).

Hero, R. E. and Durand, R., "Explaining Citizen Evaluations of Urban Services: A Comparison of some Alternative Models," *Urban Affairs Quarterly*, Vol. 20, No.3(March, 1985).

Hunt, H. K., "Consumer Satisfaction, Dissatisfaction, and Complaining Behavior," *Journal of Social Issues*, Vol. 47, No.1(1991).

Johnson, R. W. and Lewin, A. Y., "Management and Accountability Models of Public Sector Performance," in Trudi C. Miller(ed.), *Public Sector Performance*(Baltimore, MD: The Johns Hopkins Press Ltd., 1984).

Jones, B. D. and Greenberg, S. R. and Kaufman, C. and Drew, J., "Service Delivery Rules and the Distribution of Local Government Services: Three Detroit Bureaucracies," *The Journal of Politics*, Vol. 40(1978).

Judd, D. R. and Mendelson, R., *The Politics of Urban Planning:*

The East St. Louis Experience(Urbana: Univ. of Illinois Press, 1973).

Lineberry, R. L., *Equality and Urban Policy: The Distribution of Municipal Public Services*(Beverly Hills, CA: Sage, 1977).

Lipsky, M., *Street -Level Bureaucracy- Dilemmas of the Individual in Public Services-*(New York: Russell Sage Foundation, 1980).

Lovrich, Jr., N. P. and Taylor, Jr., T. G., "Neighborhood Evaluation of Local Government Services: A Citizen Survey Approach," *Urban Affairs Quarterly*, Vol. 12, No.2(December, 1976).

Lucy, W. H. and Gilbert, D. and Birkhead, G. S., "Equity in Local Service Distribution," *Public Administration Review*, Vol. 37(1977).

Miller, T. I. and Miller, M. A., "Standards of Excellence: U. S. Residents' Evaluations of Local Government Services," *Public Administration Review*, Vol. 51, No.6(November/December, 1991).

Mladenka, K. R. and Hill, K. Q., "The Distribution of Benefits in an Urban Environment: Parks and Libraries in Houston," *Urban Affairs Quarterly*, Vol. 13, No.1(September, 1977).

Morris, E., "A Normative Deficit Approach to Consumer Satisfaction," in H. Keith Hunt(ed.), *Conceptualization and Measurement of Consumer Satisfaction and Dissatisfaction* (Cambridge, MA: Marketing Science Institute, 1976).

Morrison, C., "Consumerism -Lessons From Community Work," *Public Administration*, Vol. 66(Summer, 1988).

Nadar, R., *Unsafe at Any Speed*(New York: Pocket Books, 1966).

OECD, *Administration as Service-The Public as Client*(Paris, 1987).

Oliver, R. L., "A Cognitive Model of the Antecedents and Consequences of Satisfaction Decisions," *Journal of Marketing Research*, Vol. 17(November, 1980).

______, and Desarbo, W. S., "Response Determinants in Satisfaction Judgements," *Journal of Consumer Research*, Vol. 14(March, 1988).

______, and Swan, J. E., "Consumer Perceptions of Interpersonal Equity and Satisfaction in Transactions: A Field Survey Approach," *Journal of Marketing*, Vol. 53(April, 1989).

Parks, R. B., "Linking Objective and Subjective Measures of Performance," *Public Administration Review*, Vol. 44(March/April, 1984).

Patterson, J. B. and Marks, C., "The Client as Customer: Achieving Service Quality and Customer Satisfaction in Rehabilitation," *Journal of Rehabilitation*,(October/December, 1992).

Patton, M. Q., *Qualitative Evaluation Methods*(Beverly Hills, CA: Sage, 1980).

Peters, T. J. and Waterman, R. H., *In Search of Excellence: Lessons from America's Best Run Companies*(New York: Happer & Row, 1982).

Pollitt, C., *Managerialism and Public Services: the Anglo-American Experience*(Blackwell: Oxford, 1990).

Potter, J., "Consumerism and the Public Sector: How Well Does the Coat Fit?" *Public Administration*, Vol. 66(1988).

Richards, S., *Who Defines the Public Good?-The Consumer Paradigm in Public Management*(London: Public Management Foundation, 1992).

Rodgers, W. L., "Density, Crowding and Satisfaction with Residential Environment," *Social Indicators Research*, Vol. 10(January, 1982).

Rosentraub, M. S. and Thompson, L., "The Use of Surveys of Satisfaction for Evaluations," *Policy Studies Journal*, Vol. 9(1981).

Rossi, P. and Berk, R., "Local Roots of Black Alienation," *Social Science Quarterly*, Vol. 54(March, 1974).

Russell, M. N., "Consumer Satisfaction: An Investigation of Contributing Factors," *Journal of Social Service Research*, Vol. 13, No.4(1990).

Schuman, H. and Gruenberg, B., "Dissatisfaction with City Services: Is Race an Important Factor?" in Harlan Hahn(ed.), *People and Politics in Urban Society*(Beverly Hills, CA: Sage, 1972).

Sharp, E. B., "Citizen Perception of Police Service Delivery: A Look at Some Consequences," *Policy Studies Journal*, Vol. 9(Summer, 1981).

Shin, D. C., "Subjective Indicators and Distributional Research on Public Services," *Policy Studies Journal*, Vol. 9(Summer, 1981).

Stewart, J. and Clarke, M., "The Public Service Orientation: Issues and Dilemmas," *Public Administration*, Vol. 65(Summer, 1987).

Stipak, B., "Attitudes and Belief Systems Concerning Urban

204

Service," *Public Opinion Quarterly*, Vol. 41(Spring, 1977).

______, "Citizen Satisfaction with Urban Service: Potential Misuse as a Performance Indicator," *Public Administration Review*, Vol. 39, No.1(January/February, 1979).

______, "Using Clients to Evaluate Programs," *Computers, Environment and Urban Systems*, Vol. 5(1980). in Ernest R. House et al., *Evaluation Studies Review Annual*, Vol. 7(Beverly Hills, CA: Sage, 1980).

Swan, J. E. and Mercer, A. A., "Consumer Satisfaction as a Function of Equity and Disconfirmation," in H. K. Hunt and R. L. Day(ed.), *Conceptual and Empirical Contributions to Consumer Satisfaction and Complaining Behavior*(Blooming-ton: Division of Research, College of Business, Indiana Univ., 1981).

Thomas, J. C., "Citizen-Initiated Contacts with Government Agencies: A Test of Three Theories," *American Journal of Political Science*, Vol. 26, No.3(1982)

Wagenheim G. D. and Reurink, J. H., "Customer Service in Public Administration," *Public Administration Review*, Vol. 51, No.3(May/June, 1991).

Walsh, K., *Marketing in Local Government*(London: Longman, 1989).

Webb, K. and Hatry, H. P., *Obtaining Citizen Feedback: The Application of Citizen Surveys to Local Governments* (*Washington D.C.*: The Urban Institute, 1973).

Weiner, B., "An Attributional Theory of Achievement Motivation and Emotion," *Psychological Review*, Vol. 92(October, 1985).

Westbrook, R. A., *The Conceptualization and Measurement of Consumer Satisfaction: A Literature Review*(Tucson, AZ: University of Arizona: 1986).

Whitaker, G. P., "Who Puts the Value in Evaluation?" *Social Science Quarterly*, Vol. 54, No.4(March, 1974).

Williams, O., *Metropolitan Political Analysis: A Social Access Approach*(New York: Free Press, 1971).

Zimmerman, J. F., *The Federated City: Community Control in Large Cities*(New York: St. Martin's Press, 1972).

공공서비스에 대한 주민평가 조사연구

안녕하십니까?

주민 여러분들께서는 정부로부터 여러 가지 공공서비스를 제공받고 계십니다. 이러한 공공서비스에 대해 주민 여러분들이 어떻게 평가하고 계시는지에 대한 연구는 향후, 우리나라 공공서비스의 발전 방향을 제시할 수 있는 중요한 밑거름이 될 것입니다.

응답해 주신 내용은 익명으로 통계처리 되어, 순수한 학술적 연구에만 사용되어질 것입니다.

가능하면 빠짐없이 모든 항목에 응답해 주시기 바랍니다.

조사자: 서울시립대학교 행정학과 박사과정 조은경

*공공서비스에 대한 선생님의 생각을 가장 잘 나타낼 수 있는 곳에 ∨ 를 표시해 주십시오.

1. 선생님은 현재 거주하고 계신 지역의 정부와 정치에 관심이 있 으십니까?

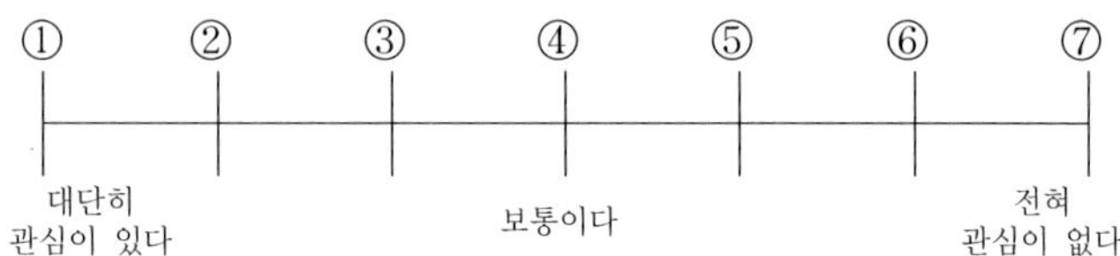

2. 선생님이 지방공무원에게 불평사항을 말한다면 어떻게 처리된 다고 생각하십니까?

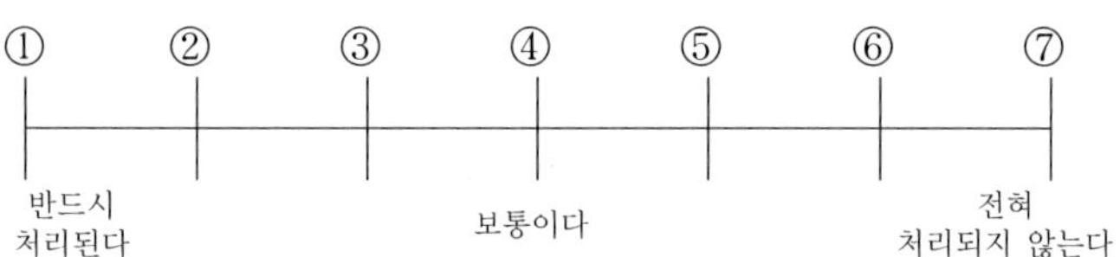

3. 선생님은 정치와 행정이 너무 복잡해서 보통 사람들은 어떻게 되어 가는지 알 수 없다고 생각하십니까?

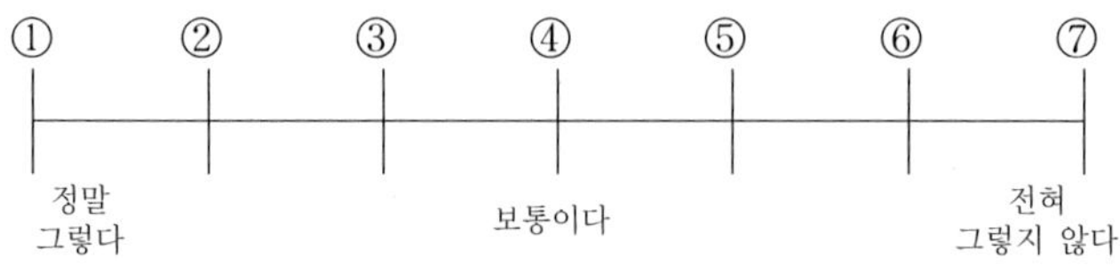

4. 현재 거주하고 계신 지역에서 선생님이 지불하는 세금만큼 공
   공서비스가 제공되고 있다고 생각하십니까?

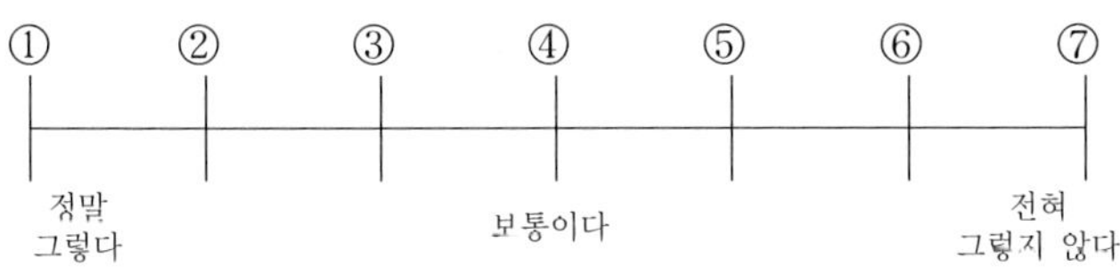

5. 선생님은 현재 거주하고 계신 지역의 공공서비스가 더 좋아지
   기 위해서라면 지금보다 세금을 더 내시겠습니까?

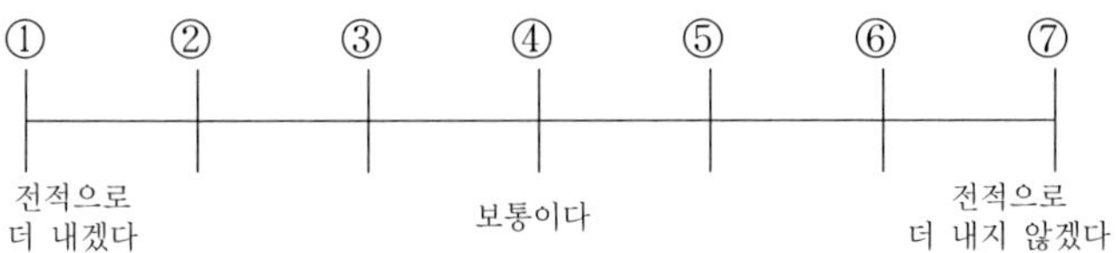

6. 선생님은 거주하고 계신 지방정부에 대해 자신의 의견을 말하
   는 편입니까?

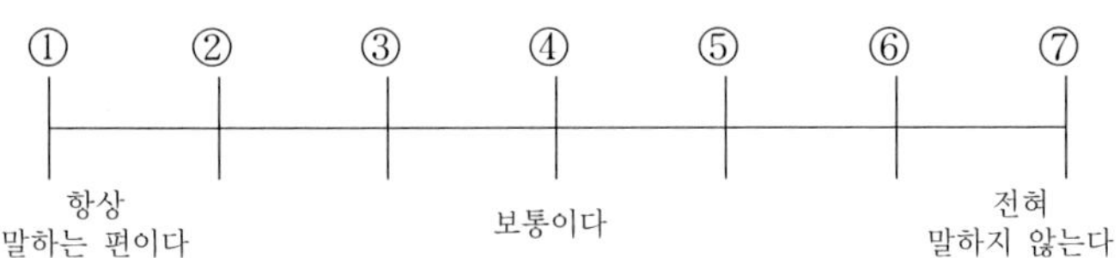

7. 자신의 의견을 말하지 않는다면 그 이유는 무엇입니까?

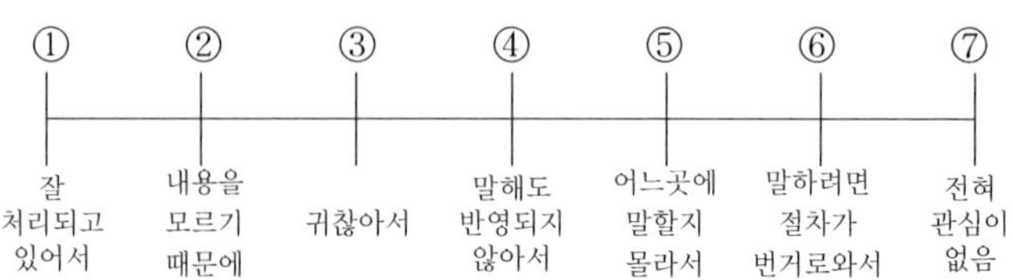

> *다음은 **쓰레기수거서비스**에 대한 선생님의 생각을 가장 잘
> 나타낼 수 있는 곳에 ∨를 표시해 주십시오.

8. 선생님이 살고 계신 지역의 쓰레기수거는 얼마나 자주 이루어
   집니까?
   (1) 매일 수거　　　(2) 2일에 한 번 (3) 3일에 한 번
   (4) 4일에 한 번　(5) 5-6일에 한 번 (6) 7-10일에 한 번
   (7) 11-15일에 한 번 (8) 16일 이상에 한 번

9. 선생님이 살고 계신 주택 또는 거주지는 다음의 어디에 속하십
   니까?
   (1) 단독주택　　　　(2) 연립주택　　　　(3) 다세대주택
   (4) 아파트(25평 미만) (5) 아파트(25평 이상) (6) 상가지역

10. 쓰레기수거 서비스와 관련하여 다음 항목에 응답해 주십시오.

설 문	전적으로 그렇다 ①	대체로 그렇다 ②	가끔 그렇다 ③	보통 이다 ④	가끔 그렇지 않다 ⑤	대체로 그렇지 않다 ⑥	전혀 그렇지 않다 ⑦
1) 쓰레기는 정해진 날자와 시간에 믿을 수 있게 수거된다							
2) 쓰레기수거는 신속하게 이루어진다							
3) 쓰레기는 주민들이 버리기 쉽도록 배출시의 편리성이 고려된디							
4) 우리 시의 쓰레기는 가난한 지역이나 부유한 지역의 구별 없이 골고루 깨끗하게 수거된다							
5) 쓰레기수거인들은 친절하다							
6) 어떤 쓰레기를 어떻게 버리는지에 대한 내용을 충분히 알고 있다							
7) 쓰레기수거는 다양하게 이루어지므로 주민이 편리하게 선택하여 버릴 수 있다							
8) 우리 시의 쓰레기 정책은 주민들에게 이익이 되도록 실시된다							
9) 쓰레기수거는 위생적으로 이루어진다							
10) 쓰레기수거에 있어 주민의 의견이 반영된다							
11) 쓰레기수거에 불만이 있을 때 건의방법을 알고 있다							
12) 쓰레기수거인들은 책임성이 있다							

11. 현재의 쓰레기수거서비스는 선생님이 기대하고 계신만큼 제공되고 있다고 생각하십니까?

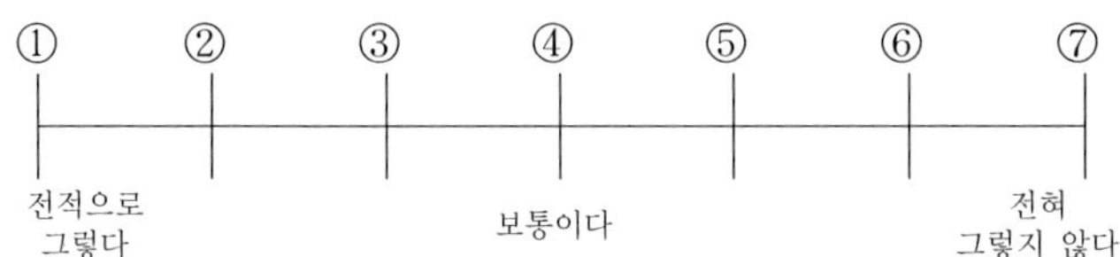

12. 현재의 쓰레기수거서비스에 대해 선생님은 전반적으로 만족하
    십니까?

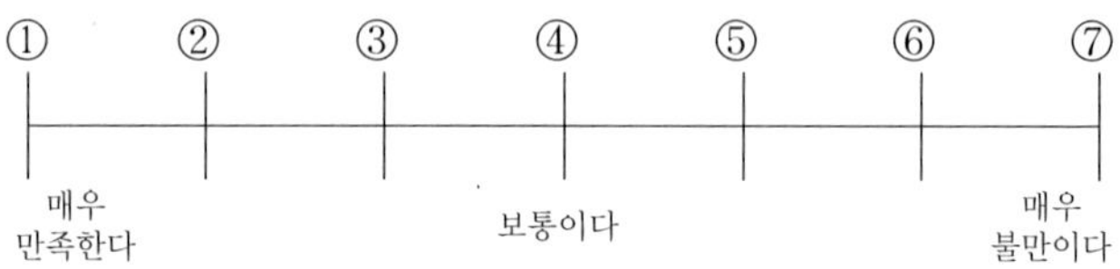

13. 다음 중에서 쓰레기수거서비스와 관련하여 가장 중요하다고
    생각하시는 것 세 가지만 1, 2, 3번호를 칸에 써 주십시오.
    (중요한 순서대로 1, 2, 3번을 쓰십시오.)

쓰레기수거의 신뢰성	다양한 수거방법으로 주민이 선택하여 이용 가능
쓰레기의 신속한 수거	주민에게 이익이 되는 쓰레기수거정책 수립
쓰레기배출의 편리성	위생적인 쓰레기수거
쓰레기수거인의 친절한 태도	쓰레기수거에 대한 주민의견 반영
지역·주민에 차별 없는 쓰레기수거	쓰레기수거에 불만이 있을 때 건의 가능
쓰레기배출에 대한 충분한 정보	쓰레기수거인들의 책임의식

14. 쓰레기수거서비스의 개선을 위해 정부가 해야 할 일을 두 가
    지만 골라 주십시오. 이와 다른 선생님의 의견이 있으시면 기
    타에 써 주십시오.(두 곳에 ∨를 표시하십시오.)

	1) 쓰레기수거횟수를 더 늘린다
	2) 쓰레기수거차와 수거인수를 더 늘린다
	3) 수거인들이 지금보다 더 친절해지도록 철저한 교육을 실시한다
	4) 쓰레기는 철저한 분리수거가 될 수 있도록 단속을 강화한다
	5) 쓰레기배출 실명제를 실시해 쓰레기를 지금보다 더 줄이도록 유도한다
	6) 쓰레기를 줄이기보다는 주민들이 마음대로 편하게 쓰레기를 버릴 수 있게 한다
	7) 위생적인 수거가 되도록 소독과 청결에 힘쓴다
	8) 기타_______________________________________

> *다음은 **경찰서비스**에 대한 선생님의 생각을 가장 잘 나타낼 수 있는 곳에 V를 표시해 주십시오.

15. 선생님은 경찰관과 직접 만나서 일을 처리해 보신 적이 있습니까?

    (1) 예   (2) 아니오

16. 〈예〉라고 대답하신 분만 응답해 주십시오.
    지난 1년 동안 경찰관을 만나서 일을 처리하신 적은 몇 번이나 되십니까?

    (1) 1-2번   (2) 3-5번   (3) 6-10번   (4) 11-15번
    (5) 16-30번 (6) 31번 이상

17. 선생님은 지난 1년 동안 범죄로 인한 피해를 경험하신 적이 있습니까?

    (1) 예   (2) 아니오

18. 〈예〉라고 대답하신 분만 응답해 주십시오.
    지난 1년 동안 범죄로 인한 피해는 몇 번이나 되십니까?

    (1) 1-2번   (2) 3-5번   (3) 6-10번   (4) 11-15번
    (5) 16-30번 (6) 31번 이상

19. 경찰서비스와 관련하여 다음 항목에 응답하여 주십시오.

설 문	전적으로 그렇다 ①	대체로 그렇다 ②	가끔 그렇다 ③	보통 이다 ④	가끔 그렇지 않다 ⑤	대체로 그렇지 않다 ⑥	전혀 그렇지 않다 ⑦
1) 범인 검거율이 높다고 생각한다							
2) 경찰에 신고하면 도착시간이 빠르다							
3) 집에서 경찰서까지 거리가 가깝다							
4) 범죄에의 피해유형이 같으면 처리되는 시간도 주민의 특성과 상관없이 같다							
5) 경찰업무를 처리하는 사람들은 친절하다							
6) 경찰호출방법에 대한 정보가 충분하다							
7) 다양한 경찰서비스가 제공되고 있어서 선택이 가능하다							
8) 범죄피해 후에는 신고하는 것이 신고하지 않는 것보다 도움이 된다							
9) 개인적으로 방범장치를 갖추고 있다							
10) 경찰서비스에 대한 건의가 받아들여진다 (가로등설치나 순찰강화 등이 요청되었을 경우)							
11) 경찰서비스에 불만이 있을 때 건의방법을 알고 있다							
12) 경찰관들은 자신들의 업무에 책임성이 있다							

20. 현재의 경찰서비스는 선생님이 기대하고 계신만큼 제공되고 있다고 생각하십니까?

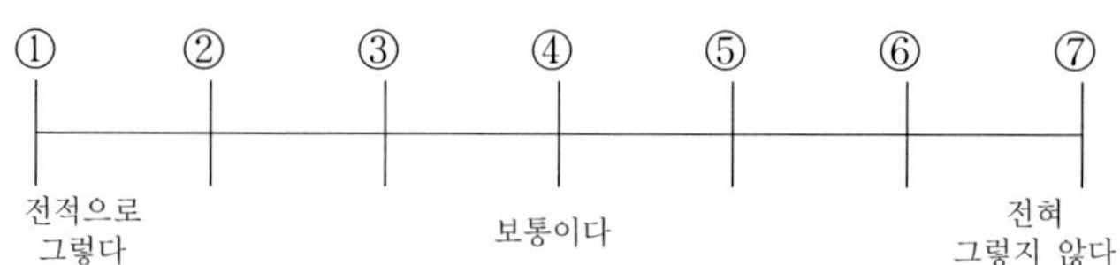

21. 현재의 경찰서비스에 대해 선생님은 전반적으로 만족하십니까?

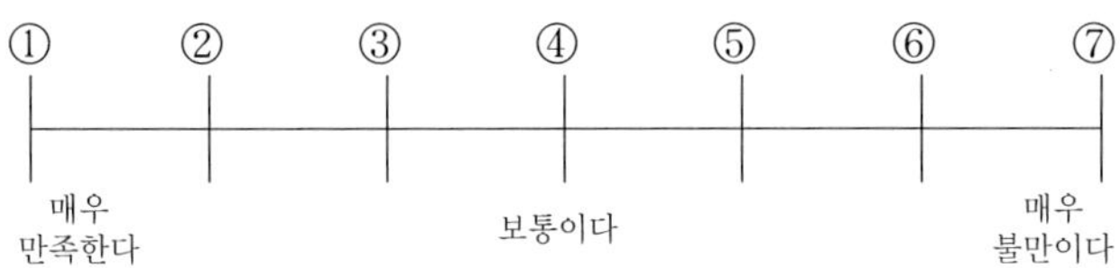

22. 다음 중에서 경찰서비스와 관련하여 가장 중요하다고 생각하
시는 것 세 가지만 1, 2, 3 번호를 칸에 써 주십시오. (중요한
순서대로 1, 2, 3번을 쓰십시오.)

	경찰업무처리에 대한 신뢰성		다양한 경찰업무로 주민의 선택이용 가능
	신고 시 신속한 출동		범죄 신고 후에 직·간접 이익
	경찰서·파출소시설 이용의 편리성		범죄로부터의 안전감
	경찰관들의 친절한 태도		경찰업무에 대한 주민의견 반영
	경찰관들의 형평 있는 주민 대우		경찰업무에 대한 불만이 있을 때 건의 가능
	경찰업무에 대한 충분한 정보 제공		경찰관들의 책임의식

23. 경찰서비스의 개선을 위해 정부가 해야 할 일을 두 가지만 골
라 주십시오. 이와 다른 선생님의 의견이 있으시면 기타에 써
주십시오. (두 곳에 ∨를 표시하십시오.)

	1) 경찰관의 수를 지금보다 더 늘여야 한다
	2) 경찰서와 파출소의 수를 지금보다 더 늘여야 한다
	3) 경찰관들이 지금보다 더 친절해지도록 교육을 실시한다
	4) 경찰관들은 모든 주민들을 빈부격차 없이 공평하게 대우해야 한다
	5) 신고 시에 지금보다 더 신속한 경찰관들의 출동이 필요하다
	6) 평상시에 주민과의 친밀한 관계를 유지해 유사시에 주민의 협조를 얻어야 한다
	7) 범죄예방을 위해 지금보다 순찰활동을 더 강화해야 한다
	8) 기 타_________________________________

*다음은 **교육서비스**에 대한 선생님의 생각을 가장 잘 나타낼
수 있는 곳에 ∨를 표시해 주십시오.

24. 선생님이나 가족 중에 현재 초·중·고교 교육을 받고 계신
분이 있습니까?

         (1) 있다   (2) 없다

25. 교육서비스와 관련하여 다음 항목에 응답해 주십시오.
여기서의 교육서비스는 초등학교, 중학교, 고등학교를 말하며,
그 외에는 제외됩니다.

설 문	전적으로 그렇다 ①	대체로 그렇다 ②	가끔 그렇다 ③	보통 이다 ④	가끔 그렇지 않다 ⑤	대체로 그렇지 않다 ⑥	전혀 그렇지 않다 ⑦
1) 초·중·고의 학교교육은 믿을 만하다							
2) 학교에서는 현대사회에 필요한 최신 교육을 실시하고 있다							
3) 집에서 학교까지 걸리는 평균시간이 짧다							
4) 학교에서 학생들은 차별받지 않고 동등하게 대우 받는다							
5) 선생님들은 친절하다							
5-1) 학교 직원들은 친절하다							
6) 교육정책이 바뀌면 충분한 정보가 제공된다							
7) 다양한 교육서비스가 제공되고 있어서 학생들과 학부모의 선택이 가능하다							
8) 공공교육서비스를 받는 것이 사교육서비스보다 이익이 된다							
9) 학교는 안전하다							
10) 교육정책의 변경 시 학생과 학부모, 선생님들의 의견이 반영된다							
11) 학교교육에 불만이 있을 때 건의방법을 알고 있다							
12) 교육서비스 제공자들은 책임성이 있다							

26. 현재의 교육서비스는 선생님이 기대하고 계신만큼 제공되고
있다고 생각하십니까?

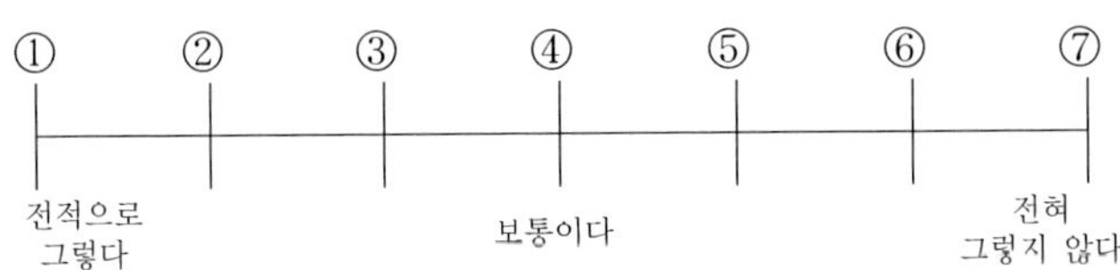

27. 현재의 교육서비스에 대해 선생님은 전반적으로 만족하십니
까?

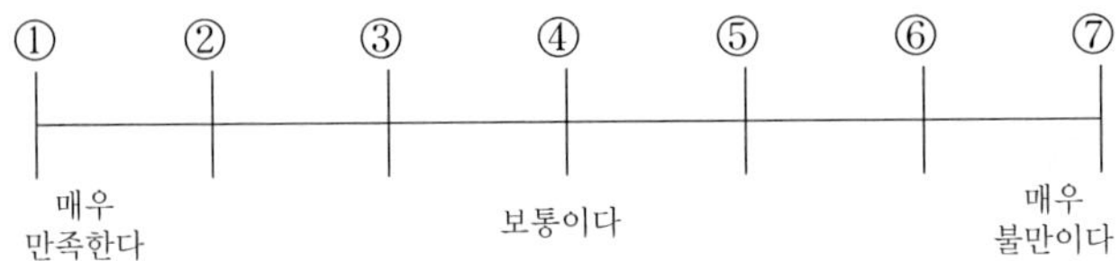

28. 다음 중에서 교육서비스와 관련하여 가장 중요하다고 생각하
시는 것 세 가지만 1, 2, 3 번호를 칸에 써 주십시오. (중요한
순서대로 1, 2, 3번을 쓰십시오.)

	교육에 대한 신뢰		다양한 교육정책으로 선택 가능
	시대에 적합한 교육		학교교육을 통한 이익
	통학시간의 단축		학교시설에의 안전성
	선생님들의 친절한 태도		교육정책에 학생·교사·학부모 의견 반영
	선생님들의 형평 있는 학생 대우		교육정책에 불만이 있을 때 건의 가능
	교육정책의 변경 시에 충분한 정보제공		선생님들의 책임의식

29. 교육서비스의 개선을 위해 정부가 해야 할 일을 두 가지만 골
라 주십시오. 이와 다른 선생님의 의견이 있으시면 기타에 써
주십시오. (두 곳에 ∨를 표시하십시오.)

	1) 입시교육 위주에서 탈피하고 인성교육에 강조를 둔다
	2) 학교 선생님들의 자질을 더 높이도록 힘쓴다
	3) 학교 시설을 더 보강해 학습 분위기를 쾌적하게 해준다
	4) 학교와 가정이 서로 협조하여 학생들을 지도하도록 유도한다
	5) 학교를 벗어난 지역사회 주민에게도 교육서비스를 제공한다
	6) 교육정책의 변경 시 교사·학부모·학생의 의견을 지금보다 더 많이 반영한다
	7) 외국과의 경쟁에서 뒤지지 않는 인재양성에 모든 힘을 기울인다
	8) 기 타_______________________________________

*몇 가지 보충질문을 하겠습니다.

30. 선생님의 성별은? (1)남   (2)여

31. 선생님의 연령은? (   ) 세

32. 선생님의 최종 학력은 어디에 해당됩니까?
    (1) 초등학교 정도   (2) 중학교   (3) 고등학교
    (4) 대학(초급대학 이상) (5) 대학원 이상

33. 선생님의 경제적 생활여건(소득)은 어느 수준에 있다고 생각
하십니까?
    (1) 최상위 (2) 상위 (3) 중간 (4) 하위 (5) 최하위

34. 선생님의 집안 한 달 평균 소득은 모두 얼마나 되십니까? (분
    가하지 않은 자녀나 웃어른의 소득도 포함시켜 주십시오.)
    (1) 50만원 미만 (2) 50-75만 원   (3) 76-100만 원
    (4) 101-150만 원 (5) 151-200만 원 (6) 201-300만 원
    (7) 301만 원 이상

35. 선생님은 현재 살고 계신 지역에 거주하신지가 몇 년이나 되
    십니까?
    (1) 6개월 미만   (2) 6월-1년   (3) 1-3년
    (4) 4-5년   (5) 6-10년   (6) 11-20년
    (7) 21-30년   (8) 31년 이상

36. 선생님의 직업은 무엇입니까?
    (1) 농업, 축산업   (2) 노동 기능직(기사직)
    (3) 일반사무관리직(과장 이하의 회사원, 6급 이하의 공무원)
    (4) 전문관리직(사무관 이상의 공무원, 차장 이상의 회사원)
    (5) 소자본 자영상업 (6) 중소기업 경영   (7) 교사 및 강사
    (8) 전문 자유업(의사, 변호사, 교수, 정치인, 문화예술인)
    (9) 무직 (10) 가정주부 (11) 학생 (12) 기타__________

응답해 주셔서 감사합니다

·저자·

조은경
(曺銀京)

·약　력·

이화여자대학교 행정학과 졸업
서울시립대학교 행정학 박사
반부패행정시스템연구소 수석연구원 역임
투명사회협약실천협의회 전문위원
국가청렴위원회 전문위원
건설교통부 청렴도향상기획단 위원
경찰청 규제심사위원
노동부 산업안전 부패방지대책 자문위원

·주요논저·

「부패친화적 연고주의 문화의 국가별 비교분석」
「분권화와 부패: 수질환경부문을 중심으로」
「몽골의 부패 현황 및 반부패 정책」
「공직인사의 부패 유형과 투명성 확보방안」
「행정의 투명성 제고를 위한 정보정책의 역할」
「OECD 국가에 있어서의 부패방지정책의 평가와 우리나라에의 시사점」
『환경부패: 행정처리과정을 중심으로』(공저)
『부패방지전략의 새로운 패러다임: 한국행정부문』(공저)
『행정절차의 투명성과 부패』
『소규모 건설부패와 전자입찰』
『새 무역장벽: 기업의 부패라운드 대처방안』(공저)
『도시정부의 부패방지전략』
『행정투명성 제고를 위한 감사시스템 개선방안』
『부패방지대책 평가와 사후관리방안』
『부패방지를 위한 지역단위 민관협력 모델 개발』
외 다수

공공서비스에 대한 주민평가
주민의 만족을 결정하는 요인은 무엇인가

• 초판 인쇄	2007년 6월 25일
• 초판 발행	2007년 6월 25일
• 지 은 이	조은경
• 펴 낸 이	채종준
• 펴 낸 곳	한국학술정보㈜
	경기도 파주시 교하읍 문발리 526-2
	파주출판문화정보산업단지
	전화 031) 908-3181(대표)·팩스 031) 908-3189
	홈페이지 http://www.kstudy.com
	e-mail(출판사업부) publish@kstudy.com
• 등 록	제일산-115호(2000. 6. 19)
• 가 격	24,000원

ISBN 978-89-534-4443-0 93350 (Paper Book)
      978-89-534-4444-7 98350 (e-Book)